『NEW 맛있는 주니어 중국어』로
친구들과 함께, 선생님과 함께~ 중국어 전문가가 되어 보세요!

처음으로 영어를 접했던 중학교 시절, 영어에 대한 부푼 꿈을 안고 자신감 백 배로 시작했지만 시작과 동시에 다가온 어렵고도 지루한 문법 설명 등으로 인해 영어에 대한 흥미는 언제 있었냐는 듯이 사라졌고, 지금도 여전히 영어라고 하면 왠지 자신이 없고 영어는 나와는 멀게만 느껴집니다.

대학에 들어와 중국어과에 진학하면서, 비로소 외국어를 공부하는 방법을 터득하게 되었습니다. 은사님이신 송재록 교수님의 획기적인 강의법에 매료되어 수업 시간이 너무 짧다고 불평할 정도였고, 짧은 문장을 외우고 儿歌(동요)를 따라 하면서 배운 중국어가 매우 재미있어서, 매일같이 교수님 연구실을 찾아가 귀찮게 해 드렸던 기억이 납니다. 이렇게 제가 처음 접했던 중국어 수업은 문법 설명으로 시간을 꽉꽉 채웠던 영어 수업과는 달리 무조건 입으로 내뱉어야 하는 재미있고 활기찬 수업이었거든요.

첫인상이 이렇게도 중요한 것인지, 여러 해 중국어를 배우고 또 더 많은 해 사람들에게 중국어를 가르쳐 왔지만 지금도 '중국어'라는 단어를 떠올리면, 저에겐 쉴 새 없이 떠들 수 있게 하는 제 힘의 원천이라고 생각이 될 정도이지요.

『맛있는 주니어 중국어』의 집필을 맡게 되었을 때, '어떻게 하면 우리 친구들이 좀 더 쉽고 재미있게 중국어를 배울 수 있게 할까?'라는 고민을 하며, 나름대로 열심히 집필하였지만, 교재가 완성된 후에도 여전히 아쉬움과 부족함을 느낍니다. 그래도 우리 친구들이 이 교재를 통해 조금이나마 쉽게 중국어를 접하고, 제가 느꼈던 재미를 느끼며, 중국어를 유창하게 말할 수 있는 인재가 되었으면 하는 기대를 해 봅니다.

먼저 항상 저에게 영감을 주시는 하나님께 감사 드리고, 이 책이 나올 수 있도록 격려와 지원을 아끼지 않으신 맛있는북스 김효정 대표님과 출판팀 여러분, 교정을 도와준 아내와 저에게 중국어의 열정을 불어넣어 주신 송재록 교수님께 감사 드립니다.

엄영권

표현 쏙쏙! 단어 쑥쑥!

이 과에서 어떤 표현을 배우게 될지
미리 알아봅니다.
회화를 배우기 전에 회화에서 쓰이는
단어를 먼저 공부하도록 합니다.

맛있는 회화

우리 친구들이 좋아하는 만화로
구성하여 한층 더 흥미를 돋우었습니다.
간단한 회화이지만 실생활에서
꼭 필요한 표현들이니
꼼꼼히 학습해 보세요.

NEW

맛있는 주니어 중국어

1

학교 가기

맛있는 books

맛있는 어린이 중국어 카페(https://cafe.naver.com/kidchina1)에 들어가면 단어 카드, PPT, 강의계획서, MP3 자료 등 수업에 활용 가능한 다양한 학습 자료를 다운로드 할 수 있습니다.

NEW 맛있는 주니어 중국어 ❶

펴낸날 2022년 4월 5일 개정판 1쇄 | 저자 엄영권 | 기획 JRC 중국어연구소 | 발행인 김효정 | 발행처 맛있는books
등록번호 제2006-000273호 | 편집 최정임, 연윤영 | 디자인 이솔잎 | 제작 박선희 | 영업 강민호
마케팅 장주연 | 일러스트 김세옥 | 성우 이영아, 오은수, 위하이펑, 짜오리쥐엔, 궈양
주소 서울시 서초구 명달로 54 JRC빌딩 7층 | 구입문의 02·567·3861. 02·567·3837
내용문의 02·567·3860 | 팩스 02·567·2471 | 홈페이지 www.booksJRC.com
ISBN 979-11-6148-061-9 64720
        979-11-6148-060-2 (세트)
정가 16,500원

KC 제품명: 일반 어린이도서 | 제조자명: JRC에듀 | 판매자명: 맛있는books | 제조국: 대한민국 | 주소: 서울시 서초구 명달로 54 JRC빌딩 7층
전화번호: 02-567-3860 | 제조년월: 2022년 4월 5일 | 사용연령: 12세 이상
KC마크는 이 제품이 공통안전기준에 적합하였음을 의미합니다.

표현 즐기기

회화에서 주요하게 쓰인 표현에 대한
다양한 예문을 가지고 학습합니다.

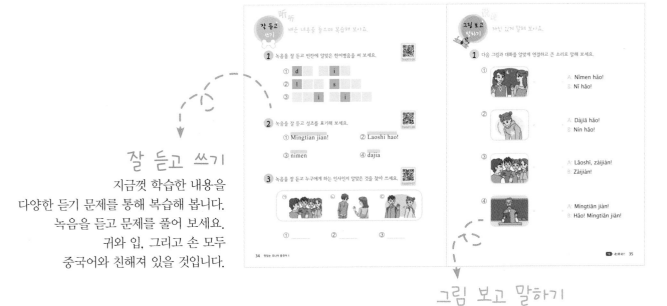

잘 듣고 쓰기

지금껏 학습한 내용을
다양한 듣기 문제를 통해 복습해 봅니다.
녹음을 듣고 문제를 풀어 보세요.
귀와 입, 그리고 손 모두
중국어와 친해져 있을 것입니다.

그림 보고 말하기

그림을 보고 어떻게 말하면 좋을지
한 번 더 생각해 보고, 알맞은 답을 찾는
문제입니다. 회화 실력을 한층 더 올려 줍니다.

똑똑한 단어
각 과의 주제에 해당하는 심화 단어를 예쁜 삽화와 함께 보여 줍니다.

신나는 잰말놀이
정확한 발음 구사를 위한 잰말놀이 페이지입니다.

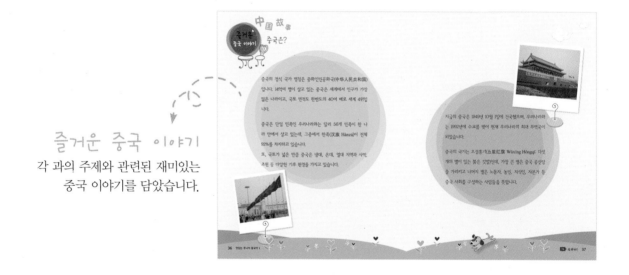

즐거운 중국 이야기
각 과의 주제와 관련된 재미있는 중국 이야기를 담았습니다.

MP3 파일 사용법

🎧 트랙번호 읽는 방법

Track01-01
과 표시   트랙 표시

🎧 음원 듣는 방법

Track01-01

본책에 있는 트랙의 QR코드를 인식하면 바로 음원을 들을 수 있습니다.
(포털 사이트에 있는 QR코드 입력기를 클릭하거나 QR코드 리더기를 활용하세요.)

컴퓨터에서 맛있는북스 홈페이지(www.booksJRC.com)에 로그인을 한 후,
MP3 파일을 다운로드 해서 들을 수 있습니다.

틀린 발음 고치기

학습한 단어 또는 표현을
떠올리며 바르게 써 보세요.

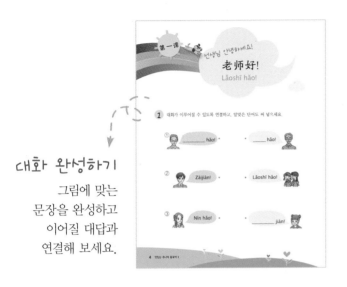

대화 완성하기

그림에 맞는
문장을 완성하고
이어질 대답과
연결해 보세요.

해석 연결하기

제시된 문장에 맞는 우리말 해석을
연결해 보세요.

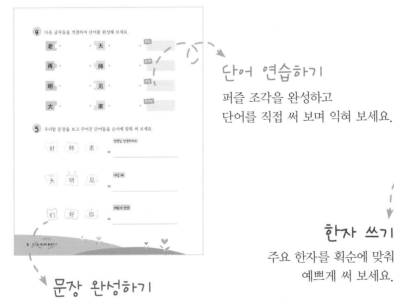

단어 연습하기

퍼즐 조각을 완성하고
단어를 직접 써 보며 익혀 보세요.

한자 쓰기

주요 한자를 획순에 맞춰
예쁘게 써 보세요.

문장 완성하기

올바른 순서로 단어를 나열하며
중국어 문장을 한눈에 파악해 보세요.

NEW 맛있는 주니어 중국어 ① 차례

중국어에 대해 궁금했던 점을 속 시원히 풀어드립니다.
정확히 알고 가야 중국어와 더욱 친해질 수 있다고요!

중국어, 너는 누구니?

1 한어와 보통화

중국어이면 중국어인 거지, 한어? 보통화? 도대체 무슨 뜻인지 궁금했지요?
한어(汉语)란, 중국인의 대다수를 차지하고 있는 민족인 한족(汉族)이 쓰는 말이라는 뜻입니다. 중국은 영토가 워낙 넓기 때문에 각 지방마다 사투리가 심해서, 중국인들끼리도 의사소통이 잘 안 된다고 하네요. 이런 불편함을 해결하기 위해 중국 정부가 표준 언어를 정했는데, 이것이 바로 보통화(普通话)예요. 앞으로 우리가 배울 말이 바로 이 중국 표준 언어인 보통화입니다. 이제 아시겠지요?

2 간체자

우리가 중국어를 공부할 때 제일 걱정되는 것이 바로 복잡해 보이기만 하는 한자이지요? 중국어의 한자는 우리나라에서 쓰는 복잡한 한자(중국에서는 이런 한자를 '번체자(繁体字)'라고 한답니다!)와는 달리 기존의 복잡한 한자를 간단하게 바꾼 '간체자(简体字)'라는 것을 사용합니다. 복잡해 보이기만 하는 한자라도 『맛있는 주니어 중국어』에서 눈으로 익히고, 간체자 쓰기 연습을 하다 보면 금방 익숙해 질 거예요.

한국		중국	
韓國 ···▶ 韩国		中國 ···▶ 中国	
번체자　　　간체자		번체자　　　간체자	

3 한어병음

한자는 뜻글자이기 때문에 한자를 자세히 본다 해도 어떻게 읽어야 하는지 바로 알 수 없습니다. 그래서 중국에서는 1958년에 알파벳을 사용해서 발음기호를 만들었는데 그것을 '한어병음(汉语拼音)'이라고 합니다. 이 한어병음은 '성모(우리말의 자음)+운모(우리말의 모음)+성조(음의 높낮이 표시)'로 이루어져 있습니다.

4 성조

중국어를 처음 들었을 때 어떤 느낌을 받았나요? 노래를 부르거나 랩을 하는 것 같이 들리죠? 그것은 바로 중국어에는 성조(声调)라는 것이 있기 때문에 그렇게 들리는 것입니다. 그럼 성조란 무엇일까요? 성조는 바로 음의 높고 낮음을 말하는 것입니다. 중국어에는 기본적으로 네 가지의 성조 '1성 ─', '2성 ╱', '3성 ✓', '4성 ╲'이 있는데 이것을 '4성'이라고 합니다.(다른 단어와 쓰일 때 성조가 변하여 가볍고 짧게 발음되는 경성(•)도 있으니, 알아두세요~!) 성모와 운모가 같아도 성조에 따라 뜻이 달라지기 때문에 중국어 발음에서 제일 중요한 부분이 바로 '성조'입니다.

성모	운모	성조
우리말의 자음과 비슷합니다.	성모를 제외한 나머지, 우리말의 모음과 비슷합니다.	음의 높고 낮음을 말합니다.

중국어 발음을 배워요!

중국어의 발음은 성모와 운모, 성조로 이루어져 있답니다.
성모는 우리말의 자음, 운모는 우리말의 모음,
성조는 음의 높낮이를 말하지요.

성모 1 중국어의 ㄱ, ㄴ

우리말의 자음에 해당하는 중국어의 성모는 모두 21개랍니다.
하나하나 천천히 공부해 보아요!

Track00-01

b, p, m, f는
운모 'o'를
붙여 읽어요.

b(o) 뽀~어

위, 아랫입술을 붙였다 떼면서
우리말의 ㅃ, ㅂ처럼 발음해요.

bá yá
拔牙
이를 뽑다

p(o) 포~어

입술을 튕기면서
우리말의 ㅍ처럼 발음해요.

pà
怕
무서워하다

m(o) 모~어

입김을 코로 내보내며
살짝 콧소리를 내어 발음해요.

mō
摸
쓰다듬다

f(o) 포~어

영어의 f 발음과 같이 아랫입술에
윗니를 살짝 대었다 떼면서 소리를 내요.

dàifu
大夫
의사

d, t, n, l는
운모 'e'를
붙여 읽어요.

d(e) 뜨~어

혀를 윗니 뒷부분에 대었다가
튕기면서 ㄸ, ㄷ처럼 발음해요.

dìdi

弟弟

남동생

t(e) 트~어

혀를 윗니 안쪽 잇몸에서 튕기면서
우리말의 ㅌ처럼 발음해요.

tī

踢

차다

n(e) 느~어

t(e)와 같이 혀를 윗니 안쪽 잇몸에서
튕기면서 발음해요.

ní

泥

진흙

l(e) 르~어

ㄹ 발음과 같이 혀를 윗니 뒤쪽에
댔다 튕기면서 발음해요.

lǐ

里

안(쪽)

g, k, h는
운모 'e'를
붙여 읽어요.

g(e) 끄~어

우리말의 ㄲ, ㄱ처럼 발음하는데,
혀뿌리로 목구멍을 막았다가 떼면서
발음한다고 생각하면 돼요.

gēge

哥哥

오빠, 형

k(e) 크~어

우리말의 ㅋ처럼 발음하는데,
입김을 강하게 내보내며 발음해요.

kě

渴

목마르다

h(e)

우리말의 ㅎ처럼 발음하는데,
입김을 강하게 내보내며 발음해요.

hē

喝
마시다

---

j, q, x는
운모 'i'를
붙여 읽어요.

j(i) 지

우리말의 지처럼
입을 옆으로 넓게 벌려 발음해요.

jī

鸡
닭

q(i) 치

우리말의 치처럼
입을 옆으로 넓게 벌려
입김을 강하게 내보내며 발음해요.

qī

七
7, 일곱

x(i) 시

우리말의 시처럼
입을 옆으로 넓게 벌려 발음해요.

xǐ

洗
씻다

---

zh, ch, sh, r는
운모 'i'를
붙여 읽어요.
여기에서
'i'는 '이'가 아니라
'으'로 발음해요.

zh(i) 즈

혀를 입천장에 닿지 않게 말아 올린 후 혀와 입천장
사이로 공기를 빼면서 즈라고 발음해요.

zhè

这
이것

ch(i) 츠

zh(i) 발음과 같은 방법으로 입김을 강하게
내뿜으면서 츠라고 발음해요.

chē

车
자동차

sh(i) 스

zh(i) 발음과 같은 방법으로 입김을 강하게
내뿜으면서 스라고 발음해요.

shé
蛇
뱀

r(i) 르

zh(i)보다 혀끝을 더 뒤쪽으로 말아 올리고
힘을 더 주어서 르라고 발음해요.

rè
热
덥다

---

z, c, s는
운모 'i'를 붙여
읽어요.
여기에서
'i'는 '이'가 아니라
'으'로 발음해요.

z(i) 쯔

혀끝을 아랫니 뒤쪽에 밀어주면서
쯔라고 발음해요.

zì
字
글자

c(i) 츠

z(i)와 같은 발음 모양에
입김을 강하게 내뿜는 듯이 츠라고 발음해요.

cídiǎn
词典
사전

s(i) 쓰

혀끝을 아랫니 뒤쪽에 붙이고 입김을 강하게
내뿜으면서 쓰라고 발음해요.

sì
四
4, 넷

운모

2 중국어의 ㅏ, ㅑ, ㅓ, ㅕ

우리말의 모음 또는 모음+받침에 해당해요!
가장 중요한 단운모 6개와 그 외 30개 운모를 배워 봐요!

 Track00-02

단운모

a 아

치아 검사를 받을 때처럼 입을 크게
벌리고 아라고 발음해요.

kāfēi

咖啡

커피

o 오~어

입을 동그랗게 모아서 오라고 발음하다
천천히 풀어 주면서 어로 마무리해요.

bōluó

菠萝

파인애플

e 으~어

입을 반쯤 벌리고 으라고 발음하다
입을 벌리면서 어로 마무리해요.

kěkě

可可

코코아

i 이

윗니와 아랫니를 맞대고 입을 옆으로
길게 벌린 뒤 이로 발음해요.

xīguā

西瓜

수박

u 우

입술을 모아서 동그랗게 하고 앞으로 살짝
내밀어 주면서 우로 발음해요.

pútao

葡萄

포도

ü 위

혀를 아랫니에 대고 입술은 모아서
동그랗게 앞으로 내밀며 위라고 발음해요.
이때 입술이 움직이면 안 돼요!

júzi

橘子

귤

복운모

ai 아~이

아~이라고 발음을 할 땐
입 모양을 크게 벌렸다 오므려 주세요.

báibái

拜拜

잘 가

ei 에~이

'어이'라고 발음하지 않고
에~이라고 발음해요.

gěi

给

주다

ao 아~오

아~오라고 발음을 할 땐
입 모양을 크게 벌렸다 오므려 주세요.

pǎo

跑

뛰다

ou 어~우

오와 어의 중간 발음인
어~우라고 발음해요.

tǔdòu

土豆

감자

an 안

입을 크게 벌렸다 닫으면서
안 하고 발음해요.

màn

慢

느리다

en 으언

'엔'으로 발음하지 않고,
으언이라고 발음해요.

kěndìng

肯定

긍정하다

ang 앙

입을 크게 벌리면서 앙 하고 발음해요.

fángjiān
房间
방

eng 으엉

입을 크게 벌리면서 으엉 하고 발음해요.

흥흥~

hēng
哼
'흥흥' 소리를 내다

ong 옹

입술을 모아서 동그랗게 말고
앞으로 살짝 내밀어 주면서 옹 하고 발음해요.

nóngmín
农民
농민

er 얼

혀를 뒤로 말아 주면서
얼 하고 발음해요.

érzi
儿子
아들

---

ia, ie, iao, iou처럼
'i'로 시작하는 발음이
성모 없이 올 때는
발음기호 'i'를
'y'로 표기해서
ya, ye, yao, you가
됩니다.

ia 이아

이 발음을 하다가 입을 크게 벌리면서
아를 발음해요.

jiā
家
집

ie 이에

'이어'라고 발음하지 않고
이에라고 발음해요.

qiézi
茄子
가지

iao　이아오

이아오라고 발음을 할 땐
입 모양을 크게 벌렸다 오므려 발음해요.

jiào
叫
부르다

iou(iu)　이어우

iou는 성모와 결합하면,
발음기호 o가 없어지고
iu로 표기합니다.

이어우라고 발음을 할 땐
입 모양을 크게 벌렸다 오므려 발음해요.

xiūxi
休息
쉬다

ian　이앤

'이안'으로 발음하지 않고
이앤으로 발음해요.

jiàn
见
만나다

iang　이앙

입을 크게 벌리면서
이앙이라고 발음해요.

qiáng
墙
벽

iong　이옹

입술을 모아서 앞으로 살짝 내밀어 주면서
이옹으로 발음해요.

xióngmāo
熊猫
판다

in　인

혀를 아랫니에 밀면서
인 하고 발음해요.

jīntiān
今天
오늘

ing 잉

우리말의 잉처럼 발음해요.

xīngxing
星星
별

---

ua, uo, uai,
uan, uang,
uei, uen, ueng처럼
'u'로 시작하는 발음이
성모 없이 올 때는
발음기호 'u'를
'w'로 표기해서
wa, wo, wai, wan,
wang, wei, wen,
weng이 됩니다.

ua 우아

입술을 모아서 앞으로 내밀었다가
서서히 입을 벌리면서 우아 하고 발음해요.

wàzi
袜子
양말

uo 우어

입술을 모아서 앞으로 내밀었다가
입을 동그랗게 벌리면서 우어 하고 발음해요.

zuò
坐
앉다

uai 우아이

입술을 모아서 앞으로 내밀었다가
입을 벌리면서 우아이 하고 발음해요.

wàibian
外边
바깥

uan 우안

입술을 모아서 앞으로 내밀어 주며
입을 벌리면서 우안 하고 발음해요.

zhuǎn
转
(방향을) 바꾸다

uang 우앙

입술을 모아서 앞으로 내밀었다가
입을 벌리면서 우앙 하고 발음해요.

shuāng
双
쌍

uei(ui) 우에이

uei가 성모와 결합하면, 발음기호 e가 없어지고 ui로 표기합니다.

입술을 모아서 앞으로 내밀었다가 입을 옆으로 길게 벌리면서 우에이 하고 발음해요.

suì
岁
나이

uen(un) 우언

uen이 성모와 결합하면, 발음기호 e가 없어지고 un으로 표기합니다.

입술을 모아서 앞으로 내밀며 입을 벌리면서 우언 하고 발음해요.

zhǔnbèi
准备
준비하다

ueng 우엉

입술을 모아서 앞으로 내밀었다가 입을 벌리면서 우엉 하고 발음해요.

wèng
瓮
항아리, 독

üe 위에

'ü'가 성모 j, q, x와 결합하면 'ü'의 두 점을 생략하고 발음기호 'u'로 표기하지만 '우'가 아닌 '위'라고 발음합니다.

혀를 아랫니에 대고 입술은 모아서 앞으로 내밀며 위라고 발음한 뒤 입술을 풀며 위에 하고 발음해요.

juédìng
决定
결정하다

üan 위앤

혀를 아랫니에 대고 입술은 모아서 앞으로 내밀며 위라고 발음한 뒤 입술을 풀며 위앤 하고 발음해요.

quántou
拳头
주먹

ün 윈

혀를 아랫니에 대고 입술은 모아서 앞으로 내밀며 위라고 발음한 뒤 입술을 살짝 풀며 윈 하고 발음해요.

qúnzi
裙子
치마

3 중국어를 음악처럼 만드는

음의 높낮이를 나타내는 성조는 모두 다섯 개가 있어요.
성조를 잘 말해야 중국인처럼 말할 수 있으니 열심히 발음해 보세요!

Track00-03

1 성조 5총사

1성

ā

맏이가 잘 되야 집안이 잘 된다!
동요 '산토끼 토끼야~'의 '산'에 해당하는 음, 즉 '솔' 음에 해당하는 음입니다. 1성의 특징은 처음 부터 끝까지 동일한 음으로 발음한다는 것입니다. 1성을 잘 잡아 주지 않으면 다른 성조 잡기가 힘 들어지니 따라 해 보세요.

mā

妈

엄마

2성

á

저 높은 곳을 향해 쭉쭉!
고개를 아래서 위로 쭉 올려 주면서 '왜?'라고 물 어보듯, 중간음에서 시작해서 고음으로 끌어올려 줍니다. 역시 끝까지 힘을 균일하게 실어 주어야 제대로 된 2성입니다.

má

麻

삼(식물)

3성

ǎ

더 이상 내려갈 곳이 없다고요!
고개를 아래로 쭉 내려 주면서 '네~에?'라고 대 답할 때 나는 소리와 비슷합니다. 더 이상 내려갈 수 없을 때 살짝 올려 주면 됩니다. 올라올 때에 는 살짝 약하게 발음해 보세요.

mǎ

马

말

4성

à

나이아가라 폭포도 원칙이 있다!
높은 곳에서 급경사로 흐르는 폭포는 짧은 시간 에 많은 물이 떨어집니다. 마치 폭포에서 물이 떨 어지듯 강하게 음을 뚝! 떨어뜨려 발음해요.

mà

骂

혼내다

경성

a

깃털이 떨어지듯 살며시!

본래의 성조가 변해서 가볍고 짧게 발음되는데, 이를 '경성'이라고 합니다. 마치 깃털이 떨어지듯 살며시 소리를 내면 됩니다.
※경성은 성조 표기를 따로 하지 않습니다.

Track00-04

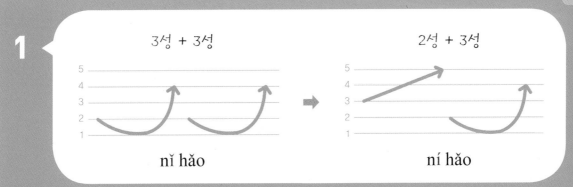

3성 뒤에 3성이 연이어 나오게 될 경우 앞의 3성을 2성으로 읽습니다. 그러나 표기에는 변화가 없습니다.

nǐ hǎo	hěn ǎi	hěn kě

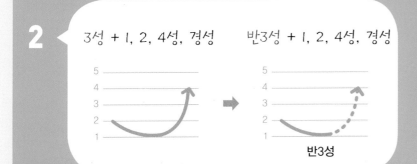

3성 뒤에 1, 2, 4성, 경성이 오게 되면 앞의 3성은 내려가는 부분만 발음하고, 올라가는 부분은 발음하지 않은 채, 곧바로 뒤의 성조를 발음하는데, 이를 반3성이라 합니다.

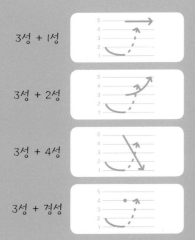

3성 + 1성	lǎo shī	Běi jīng	hǎo chī
3성 + 2성	hǎo xué	cǎo méi	wǎng qiú
3성 + 4성	kě lè	wǎn fàn	hǎo kàn
3성 + 경성	nǎi nai	yǐ zi	wǒ men

3

不 bù + 4성   不 bú + 4성

bù zuò   bú zuò

bù 不 뒤에 4성이 오면 bù를 2성 bú로 읽고, 성조 표기는 발음하는 그대로 해 주면 됩니다.

bú zuò	bú kàn	bú shì

4

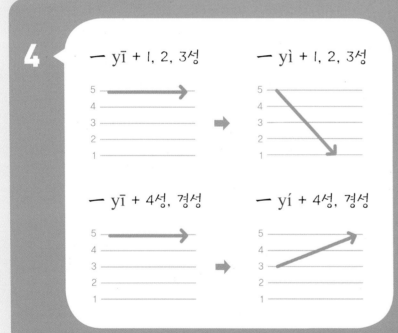

一 yī + 1, 2, 3성   一 yì + 1, 2, 3성

一 yī + 4성, 경성   一 yí + 4성, 경성

yī 一 뒤에 1, 2, 3성이 오게 되면
yī의 성조는 4성 yì로 변하고
yī 一 뒤에 4성 또는
4성이 변한 경성이 오게 되면,
yī의 성조는 2성 yí가 됩니다.
그러나 단독으로 쓰이거나,
서수로 쓰이게 되면
성조가 변하지 않습니다.

一 + 1, 2, 3성	yì qiān	yì zhí	yì qǐ
一 + 4성, 경성	yí wàn	yí kuài	yí ge
一 + 단독 또는 서수	yī	dì yī kè	yī yuè

✛ 성조를 내 것으로!

1성+○성

1성 + 1성

bīngxiāng
냉장고 冰箱

chūntiān
봄 春天

1성 + 2성

Zhōngguó
중국 中国

jīnnián
올해 今年

1성 + 3성

qiānbǐ
연필 铅笔

Yīngyǔ
영어 英语

1성 + 4성

yīnyuè
음악 音乐

gōngzuò
일 工作

1성 + 경성

māma
엄마 妈妈

yīfu
옷 衣服

2성+○성

2성 + 1성

míngtiān
내일 明天

pángbiān
옆 旁边

2성 + 2성

yínháng
은행 银行

tóngxué
학우 同学

2성 + 3성

niúnǎi
우유 牛奶

píngguǒ
사과 苹果

2성 + 4성

báisè
흰색 白色

xuéxiào
학교 学校

2성 + 경성

xuésheng
학생 学生

yéye
할아버지 爷爷

3성+○성

3성 + 1성

lǎoshī
선생님 老师

shǒujī
핸드폰 手机

3성 + 2성

nǚ'ér
딸 女儿

Měiguó
미국 美国

3성 + 3성

shuǐguǒ
과일 水果

Shǒu'ěr
서울 首尔

3성 + 4성

kělè
콜라 可乐

zǎofàn
아침밥 早饭

3성 + 경성

nǎinai
할머니 奶奶

wǒmen
우리들 我们

4성+○성

4성 + 1성

miànbāo
빵 面包

hòutiān
모레 后天

4성 + 2성

miàntiáo
국수 面条

fùxí
복습 复习

4성 + 3성

Shànghǎi
상하이 上海

diànnǎo
컴퓨터 电脑

4성 + 4성

Hànzì
한자 汉字

diànshì
TV 电视

4성 + 경성

zhàngfu
남편 丈夫

hòubian
뒤 后边

선생님 안녕하세요!

老师好!
Lǎoshī hǎo!

Lǎoshī hǎo!
老师好!

Nǐ hǎo!
你好!

이 과에서는요!

우리의 주인공 민호가 새 학교로 전학을 왔네요.

교무실에서 새 담임 선생님을 만난 민호, 우리도 함께 인사드려 볼까요?

이번 과에서는 '안녕하세요'와 '또 만나요'에 대해 배워 봐요.

표현
쏙쏙

1 만났을 때 你好

2 헤어질 때 再见

단어
쑥쑥

- lǎoshī 老师 선생님
- hǎo 好 좋다, 안녕하다
- nǐ 你 당신, 너
- zàijiàn 再见 또 만나다, 잘 가, 잘 있어
- míngtiān jiàn 明天见 내일 만나다, 내일 봐

Track01-02

민호가 새로운 학교로 전학 왔어요. 전학 온 첫날 담임 선생님을 뵈러 교무실로 향해요. 담임 선생님은 예쁜 여자 선생님이시네요.

 Lǎoshī hǎo!
老师好!

 Nǐ hǎo!
你好!

 **Zàijiàn!**
再见!

 Míngtiān jiàn!
明天见!

Track01-03

1 만났을 때 인사말 你好

누군가를 만났을 때는 **hǎo 好**를 써서 인사합니다. 중국 사람들이 쓰는 가장 간단한 인사말로, 인사해야 할 사람을 먼저 말하고 뒤에 **hǎo 好**를 붙이면 됩니다.

 Dàjiā hǎo! 여러분 안녕하세요!
大家好!

 Nín hǎo! 안녕하세요!
您好!

 Nǐmen hǎo! 얘들아 안녕!
你们好!

 Nǐ hǎo! 안녕!
你好!

 잠깐!

3성과 3성이 만나면 앞의 3성을 2성으로 바꿔서 읽습니다.
그러나 표기는 3성 그대로 해 줍니다.

3성 + 3성 → 2성 + 3성
ˇ + ˇ → ′ ˇ

大家 dàjiā 모두, 여러분 | **您** nín 당신[상대방을 높여 불러야 할 때 사용]

你们 nǐmen 당신들, 너희들

Track01-04

2 헤어질 때 인사말

헤어질 때는 '다시'라는 뜻의 **zài 再**와 '만나다'라는 뜻의 **jiàn 见**을 써서 '다시 만나자', 즉 **Zàijiàn 再见**이라는 표현을 쓸 수 있습니다. 그 외에 '내일 또 만나 자'는 뜻으로 **míngtiān jiàn 明天见**이라는 표현도 많이 씁니다.

Zàijiàn! 잘 가!
再见!

Zàijiàn! 또 만나!
再见!

Lǎoshī, zàijiàn! 선생님, 안녕히 계세요!
老师, 再见!

Zàijiàn! 잘 가렴!
再见!

Míngtiān jiàn! 내일 만나자!
明天见!

Hǎo! Míngtiān jiàn! 그래! 내일 봐!
好! 明天见!

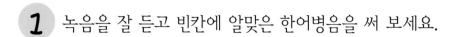

잘 듣고 쓰기

배운 내용을 들으며 복습해 보아요.

1 녹음을 잘 듣고 빈칸에 알맞은 한어병음을 써 보세요.

Track01-05

① d ☐ ☐ i ☐

② l ☐ ☐ s ☐ ☐

③ ☐ ☐ i ☐ i ☐ ☐

2 녹음을 잘 듣고 성조를 표기해 보세요.

Track01-06

① Mingtian jian!

② Laoshi hao!

③ nimen

④ dajia

3 녹음을 잘 듣고 누구에게 하는 인사인지 알맞은 것을 찾아 쓰세요.

Track01-07

① _____ ② _____ ③ _____

그림 보고
말하기

자신 있게 말해 보아요.

 다음 그림과 대화를 알맞게 연결하고 큰 소리로 말해 보세요.

①

A: Nǐmen hǎo!
B: Nǐ hǎo!

②

A: Dàjiā hǎo!
B: Nín hǎo!

③

A: Lǎoshī, zàijiàn!
B: Zàijiàn!

④

A: Míngtiān jiàn!
B: Hǎo! Míngtiān jiàn!

즐거운 중국 이야기

中国故事

중국은?

중국의 정식 국가 명칭은 중화인민공화국(中华人民共和国)입니다. 14억여 명이 살고 있는 중국은 세계에서 인구가 가장 많은 나라이고, 국토 면적도 한반도의 40여 배로 세계 4위입니다.

중국은 단일 민족인 우리나라와는 달리 56개 민족이 한 나라 안에서 살고 있는데, 그중에서 한족(汉族 Hànzú)이 전체 92%를 차지하고 있습니다.

또, 국토가 넓은 만큼 중국은 냉대, 온대, 열대 지역과 사막, 초원 등 다양한 기후 환경을 가지고 있습니다.

지금의 중국은 1949년 10월 1일에 건국했으며, 우리나라와는 1992년에 수교를 맺어 현재 우리나라의 최대 무역국이 되었습니다.

중국의 국기는 오성홍기(五星红旗 Wǔxīng Hóngqí 다섯 개의 별이 있는 붉은 깃발)인데, 가장 큰 별은 중국 공산당을 가리키고 나머지 별은 노동자, 농민, 지식인, 자본가 등 중국 사회를 구성하는 사람들을 뜻합니다.

第二课

너는 이름이 뭐니?

你叫什么名字?

Nǐ jiào shénme míngzi?

Nǐ jiào shénme míngzi?
你叫什么名字?

Wǒ jiào Lǐ Mínhào.
我叫李民浩。

이 과에서는요!

전학 온 민호가 윤아라는 새 짝꿍을 만났습니다.

나란히 앉아 서로 이름을 묻고, 만나게 되어 반갑다는 인사를 나눕니다.

이번 과에서는 처음 만났을 때 하는 인사말,

'이름이 뭐니?', '만나서 반가워!'에 대해 배워 봐요.

표현 쏙쏙

1 이름을 물을 때 　你叫什么名字?

2 처음 만났을 때 　认识你很高兴。

단어 쏙쏙

- jiào 叫 부르다
- shénme 什么 무엇, 무슨
- míngzi 名字 이름
- rènshi 认识 알다

- hěn 很 아주, 매우
- gāoxìng 高兴 기쁘다
- yě 也 ~도
- Lǐ Mínhào 李民浩
  이민호[사람 이름]

Track02-02

새 학교로 전학 온 민호는 윤아라는 예쁜 친구와 짝이 되었어요.
윤아가 먼저 이름이 무엇인지 물어보네요.

Nǐ jiào shénme míngzi?
你叫什么名字?

Wǒ jiào Lǐ Mínhào.
我叫李民浩。

Rènshi nǐ hěn gāoxìng.
认识你很高兴。

Wǒ yě hěn gāoxìng.
我也很高兴。

1 이름을 물을 때 你叫什么名字?

다른 사람의 이름을 물어볼 때에는 '부르다'라는 뜻의 **jiào 叫** 뒤에 '무슨 이름'이라는 뜻의 **shénme míngzi 什么名字**를 붙이면 되고, 대답을 할 땐 **jiào 叫** 뒤에 자신의 이름을 넣으면 됩니다.

 Nǐ jiào shénme míngzi? 넌 이름이 뭐니?
你叫什么名字?

 Wǒ jiào Jīn Yǔn'ér. 난 김윤아라고 해.
我叫金允儿。

金允儿

 Lǎoshī, nín guì xìng? 선생님, 성함이 어떻게 되세요?
老师, 您贵姓?

 Wǒ xìng Wáng, jiào Wáng Míng!
我姓王, 叫王明! 난 성은 왕 씨이고, 왕밍이라고 한단다!

王明

 잠깐!

좀 더 정중하게 성함을 여쭈고자 할 때는
'Nín guì xìng? 您贵姓?'이라는 표현을 써요.
대답을 할 때 'Wǒ xìng ○○. 我姓○○。'이라고 하면 됩니다.

金允儿 Jīn Yǔn'ér 김윤아[사람 이름] | 贵 guì 존경의 뜻을 나타내는 말
姓 xìng 성(이 ~이다)

2 처음 만났을 때 认识你很高兴。

> 중국 사람들은 처음 만났을 때 '너를 알게 돼서' rènshi nǐ 认识你 또는 '너를 만나서' jiàndào nǐ 见到你 뒤에 '매우 기뻐' hěn gāoxìng 很高兴이라는 말을 넣어 표현해요. 대답할 땐 '나도' wǒ yě 我也, '매우 기뻐' hěn gāoxìng 很高兴이라고 합니다.

 Rènshi dàjiā hěn gāoxìng. 너희들을 알게 되어 매우 기뻐.
认识大家很高兴。

 Wǒmen yě hěn gāoxìng. 우리도 매우 기뻐.
我们也很高兴。

李民浩

 Jiàndào nǐ hěn gāoxìng. 만나서 정말 반갑다.
见到你很高兴。

 Wǒ yě hěn gāoxìng. 나도 정말 반가워.
我也很高兴。

 잠깐!

yě 也는 우리말의 '~도'와 아주 비슷해요. 연습해 볼까요?

wǒ yě 我也 나도
tā yě 他也 그도
lǎoshī yě 老师也 선생님도

见到 jiàndào 만나다

잘 듣고 쓰기 听听

배운 내용을 들으며 복습해 보아요.

1 녹음을 잘 듣고 빈칸에 알맞은 한어병음을 써 보세요.

Track02-05

① m ☐ ☐ ☐ z ☐

② r ☐ ☐ s ☐ ☐

③ g ☐ ☐ x ☐ ☐ ☐

2 녹음을 잘 듣고 성조를 표기해 보세요.

Track02-06

① jiao

② shenme

③ hen gaoxing

④ Nin gui xing?

3 녹음을 잘 듣고 그림에 맞는 알맞은 대화를 찾아 쓰세요.

Track02-07

ㄱ　　　　　ㄴ 김윤아　　　　　ㄷ 李民浩

① _____　　　② _____　　　③ _____

그림 보고 말하기

자신 있게 말해 보아요.

1 다음 그림과 대화를 알맞게 연결하고 큰 소리로 말해 보세요.

①
王明

A: Nǐ jiào shénme míngzi?
B: Wǒ jiào Jīn Yǔn'ér.

②
金允儿

A: Rènshi nǐmen hěn gāoxìng.
B: Wǒmen yě hěn gāoxìng.

③
李民浩

A: Lǎoshī, nín guì xìng?
B: Wǒ xìng Wáng, jiào Wáng Míng!

똑똑한 단어

生词

Track02-08

학교생활과 관련된 단어,

중국어로 뭐라고 할까요?

学校
xuéxiào — 학교

教室
jiàoshì — 교실

黑板
hēibǎn — 칠판

桌子
zhuōzi — 책상

椅子
yǐzi — 의자

橡皮
xiàngpí — 지우개

铅笔
qiānbǐ — 연필

书
shū — 책

书包
shūbāo — 책가방

중국어와 신나게 놀아 보아요.

四十四
Sìshísì

四是四，十是十，
Sì shì sì, shí shì shí,

十四是十四，四十是四十，
shísì shì shísì, sìshí shì sìshí,

四十四是四十四！
sìshísì shì sìshísì!

44

4는 4, 10은 10,
14는 14, 40은 40,
44는 44!

그는 누구니?

他是谁?

Tā shì shéi?

Tā shì Dōngmín.
他是东民。

Tā shì shéi?
他是谁?

이 과에서는요!

전학 온 민호는 모든 것이 낯설기만 한지 보는 사람마다 누구인지 물어보네요.

교실에 누가 있는지 한번 볼까요?

이번 과에서는 '(누구누구)입니다, (무엇무엇)입니다'에 해당하는 단어와

'~는요?'로 간단하게 되묻는 표현에 대해 배워 봐요.

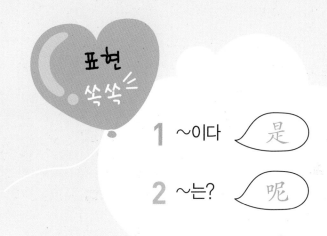

표현
쏙쏙

1 ~이다 是

2 ~는? 呢

단어
쑥쑥

- tā 他 그 (사람)
- shì 是 (누구누구)입니다, (무엇무엇)입니다
- shéi 谁 누구
- tā 她 그녀
- ne 呢 ~는요?
- Zhāng Dōngmín 张东民 장동민[사람 이름]
- Cuī Hénà 崔荷娜 최하나[사람 이름]

맛있는 회화 会话

함께 중국어로 대화해 보아요.

Track03-02

민호는 앞으로 어떤 친구들과 한 반에서 공부하게 될지 매우 궁금한가 봐요.
친절한 짝꿍 윤아에게 친구들에 대해서 물어보네요.

Tā shì shéi?
他是谁？

Tā shì Dōngmín.
他是东民。

Tā ne?
她呢？

Tā shì Hénà.
她是荷娜。

Track03-03

1 ~이다 是

shì 是는 '(누구누구)입니다', '(무엇무엇)입니다'라는 뜻입니다.
'A는 B입니다'라는 말을 하려면 'A是B'에 대입하여 문장을 만들면 됩니다.

 Nǐ shì shéi? 너는 누구니?
你是谁?

 Wǒ shì Yǔn'ér. 나는 윤아야.
我是允儿。

 金允儿

 Tā shì shéi? 그녀는 누구야?
她是谁?

 Tā shì lǎoshī. 그녀는 선생님이야.
她是老师。

 잠깐!

shéi 谁는 '누구'라는 뜻으로
谁가 들어가면 사람에 대해 묻는 의문문이 됩니다.

2 ～는? 呢

'～는?, ～는요?'라고 짧게 물어볼 때에는 문장 끝에 가볍게 **ne 呢**를 붙이면 됩니다. 예를 들어 '너는?'은 **Nǐ ne? 你呢?**, '선생님께서는?'은 **Lǎoshī ne? 老师 呢?**로 표현합니다.

Wǒ jiào Yǔn'ér, nǐ ne? 나는 윤아라고 해, 너는?
我叫允儿，你呢？

Wǒ jiào Dōngmín. 나는 동민이라고 해.
我叫东民。

Wǒ shì Hánguórén, nǐ ne?
我是韩国人，你呢？ 나는 한국 사람이야, 너는?

Wǒ shì Zhōngguórén.
我是中国人。 나는 중국 사람이야.

Wǒmen shì xuésheng, tā ne?
我们是学生，他呢？ 우리는 학생입니다. 그는요?

Tā yě shì xuésheng.
他也是学生。 그도 역시 학생이야.

韩国人 Hánguórén 한국인 | 中国人 Zhōngguórén 중국인 | 学生 xuésheng 학생

잘 듣고 쓰기 听听

배운 내용을 들으며 복습해 보아요.

1 녹음을 잘 듣고 빈칸에 알맞은 한어병음을 써 보세요.   Track03-05

① | Z | h | | | g | | g | | | | | | n |

② | s | | | i | |

③ | x | | | | h | | | g |

2 녹음을 잘 듣고 성조를 표기해 보세요.   Track03-06

① Hanguoren

② xuesheng

③ Ta ne?

④ Ta shi shei?

3 녹음을 잘 듣고 빈칸에 알맞은 단어를 보기 에서 골라 써 넣으세요.   Track03-07

보기   呢 ne   谁 shéi   老师 lǎoshī

① 你是_____?

② 我是允儿, 你_____?

③ 我是_____。

说说

그림 보고
말하기

자신 있게 말해 보아요.

1 다음 그림과 대화를 알맞게 연결하고 큰 소리로 말해 보세요.

①

A: Wǒ jiào Yǔn'ér, nǐ ne?
B: Wǒ jiào Dōngmín.

②

A: Wǒ shì Hánguórén,
   nǐ ne?
B: Wǒ shì Zhōngguórén.

③

A: Tā shì shéi?
B: Tā shì lǎoshī.

중국의 학교

중국의 학교는 우리나라와 같이 초등학교(小学 xiǎoxué) 6년, 중학교(初中 chūzhōng) 3년, 고등학교(高中 gāozhōng) 3년으로 이루어져 있어요. 그런데, 지방에 따라 초등학교가 5학년까지만 있는 곳도 있다고 하네요. 그리고 우리는 3월에 1학기가 시작되지만, 중국에선 9월에 입학식을 해서 1학기가 시작되고, 새 학년으로 올라간대요.

중국의 중학교는 대부분 남녀공학이고, 교복도 목에 붉은 수건을 두르거나 체육복 형식으로 되어 있어요.

중국의 학교는 이름이 조금 특이한데요, 예를 들어 베이징 시의 중학교라면 北京第一中学(베이징 제1 중학교), 北京第二中学(베이징 제2 중학교), 北京第三中学(베이징 제3 중학교) 등 숫자를 차례대로 붙여 학교 이름을 나타낸답니다.

그리고 중국 학생들은 우리의 특수 목적 학교처럼 각 지역에 있는 중점학교(重点学校 zhòngdiǎn xuéxiào)라는 우수 학교에 들어가고자 열심히 공부한다고 하네요.

Track04-01

너 바쁘니?

你忙吗？
Nǐ máng ma?

Nǐ máng ma?
你忙吗？

Wǒ hěn máng.
我很忙。

이 과에서는요!

언제나 열심히 공부하는 윤아. 민호는 그런 윤아가 안쓰러운가 봐요.

민호가 '바쁘니?', '안 피곤해?' 하고 물으니, 윤아는 '아니야'라고 대답하네요.

이번 과에서는 물어보는 말 '～하니?'와 부정하는 말 '아니야'에 대해 배워 봐요.

표현 쏙쏙

1 ～하니?   吗

2 아니야   不

단어 쑥쑥

- máng 忙 바쁘다
- ma 吗 ～하니?
- bù 不 아니다
- lèi 累 피곤하다

윤아는 쉬는 시간에도 늘 열심히 공부를 하네요. 민호는 그런 윤아가 안쓰러운가 봐요. 바쁘지는 않은지, 피곤하지는 않은지 물어봅니다.

Nǐ máng ma?
你忙吗？

Wǒ hěn máng.
我很忙。

Nǐ bú lèi ma?
你不累吗？

Wǒ bú lèi.
我不累。

Track04-03

1 ~하니? 吗

우리말에서 문장 뒤에 '~하니?, ~하나요?'가 들어가면 의문문이 되듯이 중국어도 문장 맨 끝에 **ma 吗**를 넣으면 의문문이 됩니다. 단, 우리가 3과에서 배운 'shéi 谁(누구)'와 같이 물어보는 단어가 없을 때에만 해당한다는 것, 잘 알아두세요!

Nǐ è ma? 배고프세요?
你饿吗?

Wǒ hěn è. 나 너무 배고파.
我很饿。

Tā shì lǎoshī ma? 그녀는 선생님이야?
她是老师吗?

Tā shì lǎoshī. 그녀는 선생님이야.
她是老师。

잠깐!
중국 사람들은 습관적으로 '기뻐', '배고파'와 같이 상태를 나타내는 말 앞에 hěn 很(아주, 매우)을 넣는대요.

饿 è 배고프다

2 아니야 不

bù 不는 동작이나 상태를 나타내는 말 앞에 써서 부정의 의미를 더하여 '~ 안 해', '~가 아니야'라는 뜻을 나타냅니다.

 Nǐ kě ma? 너 목마르니?
你渴吗?

 Wǒ bù kě. 나 목 안 말라.
我不渴。

 Tā pàng ma? 그녀는 뚱뚱하니?
她胖吗?

Tā bú pàng. 그녀는 뚱뚱하지 않아.
她不胖。

 잠깐!

bù 不는 뒤에 4성이 오면 bú로 발음합니다.

不(4성) + 4성 → 不(2성) + 4성
\ + \ → / + \

渴 kě 목마르다, 갈증 나다 │ 胖 pàng 뚱뚱하다

잘 듣고
쓰기

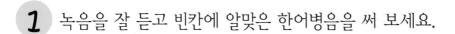

배운 내용을 들으며 복습해 보아요.

1 녹음을 잘 듣고 빈칸에 알맞은 한어병음을 써 보세요.

Track04-05

① h ‍ ‍ ‍ ‍ n g

② b ‍ s ‍ ‍

③ b ‍ p ‍ ‍

2 녹음을 잘 듣고 성조를 표기해 보세요.

Track04-06

① bu mang

② bu lei

③ bu ke

④ Ta bu shi xuesheng.

3 녹음을 잘 듣고 빈칸에 알맞은 단어를 보기 에서 골라 써 넣으세요.

Track04-07

보기   很 hěn   不 bù   吗 ma

① 你忙_____?

② 我_____忙, 你呢?

③ 我_____忙。

그림 보고
말하기

자신 있게 말해 보아요.

1 다음 그림을 보고 빈칸을 채운 후, 큰 소리로 말해 보세요.

①

A: Tā shì lǎoshī ma?
B: Tā _____.

②

A: Tā pàng ma?
B: Tā _____.

③

A: Nǐ è ma?
B: Wǒ _____.

여러 가지 형용사, 중국어로 뭐라고 할까요?

Track04-08

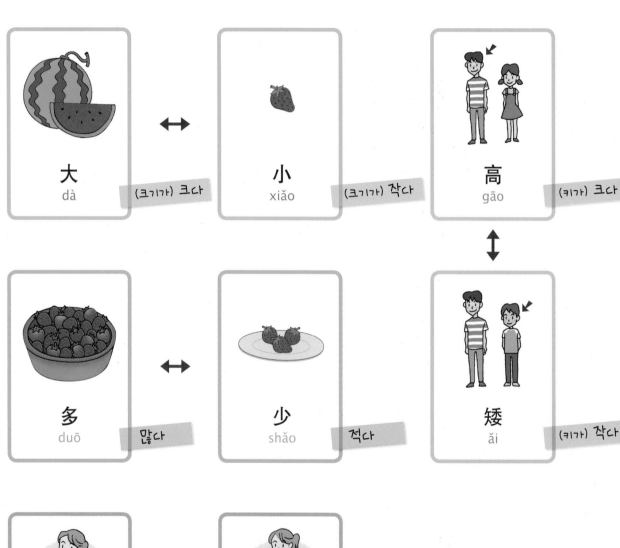

大
dà
(크기가) 크다

↔

小
xiǎo
(크기가) 작다

高
gāo
(키가) 크다

↕

多
duō
많다

↔

少
shǎo
적다

矮
ǎi
(키가) 작다

胖
pàng
뚱뚱하다

↔

瘦
shòu
마르다

分果果
Fēn guǒguo

多多和哥哥，坐下分果果。
Duōduo hé gēge, zuòxià fēn guǒguo.

哥哥让多多，多多让哥哥。
Gēge ràng Duōduo, Duōduo ràng gēge.

과일 나누기

뚜어뚜어와 형이 앉아서 과일을 나눕니다.
형은 뚜어뚜어에게 양보하고, 뚜어뚜어는 형에게 양보하네요.

1~4과를 공부하고 실력을 점검해 보세요.

1 다음 그림을 보고 빈칸에 알맞은 한어병음을 넣으세요.

①

Mínhào: _____ hǎo!
lǎoshī: Nǐ hǎo!

②

Yǔn'ér: Nǐ jiào _____?
Mínhào: Wǒ jiào Lǐ Mínhào.

③

Mínhào: Tā _____?
Yǔn'ér: Tā _____ Dōngmín.

④

Mínhào: Nǐ máng _____?
Yǔn'ér: Wǒ _____ máng.

2 다음 문장을 읽고 내용에 어울리는 그림을 고르세요.

①

A: 她是谁?
B: 她是允儿。

②

A: 允儿胖吗?
B: 允儿不胖。

③

A: 她是学生吗?
B: 她不是学生。

④

A: 你叫什么名字?
B: 我叫李民浩。

Track05-01

저 애들은 논대 안 논대?

他们玩儿不玩儿?
Tāmen wánr bu wánr?

Tāmen wánr bu wánr?
他们玩儿不玩儿?

Tāmen dōu wánr.
他们都玩儿。

이 과에서는요!

열심히 공부를 하는 윤아와는 달리 민호는 신나게 노는 것을 좋아한대요.
민호가 아침 쉬는 시간에 재미있는 게임을 하려고
윤아와 친구들에게 같이 놀 건지 물어봐요.
이번 과에서는 물어보는 표현 '~하니 안 하니?'와
'모두'라는 단어에 대해 배워 봐요.

표현
쏙쏙

1 ~하니 안 하니? 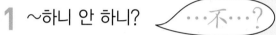 ···不···?

2 모두 都

단어
쏙쏙

- wánr **玩儿** 놀다
- tāmen **他们** 그들
- dōu **都** 모두

会话

함께 중국어로 대화해 보아요.

Track05-02

쉬는 시간에 민호는 재미있는 게임을 하려고 해요. 그런데 혼자 하면 재미없겠죠?
윤아와 반 친구들과 함께 하려고 물어봐요.

Nǐ wánr ma?
你玩儿吗?

Wǒ wánr.
我玩儿。

Tāmen wánr bu wánr?
他们玩儿不玩儿?

Tāmen dōu wánr.
他们都玩儿。

1 ~하니 안 하니? ···不···?

우리말에서 '보니 안 보니?', '좋아 안 좋아?' 하고 물어보듯이 중국어에서도 긍정과 부정을 함께 쓰면 '~하니 안 하니?'라고 물어보는 의문문이 됩니다. 이때 **bù 不**는 경성으로 약하게 읽어야 하며, 긍정과 부정을 번갈아 쓰는 의문문이기 때문에 문장 뒤에 **ma 吗**를 쓰지 않아요!

Tā gāo bu gāo? 그녀는 키가 크니 크지 않니?
她高不高?

Tā bù gāo. 그녀는 키가 크지 않아.
她不高。

Nǐ qù bu qù? 넌 갈 거야 안 갈 거야?
你去不去?

Wǒ qù. 난 갈 거야.
我去。

Nǐmen mǎi bu mǎi? 너희들 살 거야 안 살 거야?
你们买不买?

Wǒmen mǎi. 우리는 살 거야.
我们买。

高 gāo (키가) 크다 | 去 qù 가다 | 你们 nǐmen 너희, 너희들
买 mǎi 사다 | 我们 wǒmen 우리, 우리들

2 모두 ⟨ 都 ⟩

dōu 都라는 단어는 '우리', '그들' 같은 여러 사람을 가리키는 단어 뒤에 붙어서 '모두, 다'라는 뜻으로 쓰입니다.

 Tāmen lái bu lái? 그들은 오니 안 오니?
他们来不来?

 Tāmen dōu lái. 그들은 모두 올 거야.
他们都来。

 Nǐmen zhī bu zhīdao? 너희들 알아 몰라?
你们知不知道?

 Wǒmen dōu zhīdao. 저희는 모두 알고 있어요.
我们都知道。

 잠깐!

긍정과 부정을 번갈아 쓰는 의문문에서 동사가 두 글자일 때에는 뒤의 글자 하나를 생략할 수 있어요.

zhīdao 知道 알다 　 知不知道 zhī bu zhīdao 알아 몰라?
xǐhuan 喜欢 좋아하다 　 喜不喜欢 xǐ bu xǐhuan 좋아 안 좋아?

来 lái 오다 | 知道 zhīdao 알다

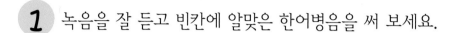
배운 내용을 들으며 복습해 보아요.

1 녹음을 잘 듣고 빈칸에 알맞은 한어병음을 써 보세요.

Track05-05

① d ☐ ☐ w ☐ ☐ ☐

② ☐ h ☐ d ☐ ☐

③ t ☐ m ☐ ☐

2 녹음을 잘 듣고 성조를 표기해 보세요.

Track05-06

① bu gao

② lai bu lai

③ zhi bu zhidao

④ Women dou qu.

3 녹음을 잘 듣고 빈칸에 알맞은 단어를 보기 에서 골라 써 넣으세요.

Track05-07

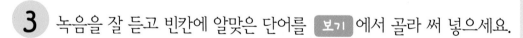

보기   都 dōu   不 bù   玩儿 wánr

① 你_____不_____?

② 我们_____玩儿, 你呢?

③ 我_____玩儿。

说说

그림 보고
말하기

자신 있게 말해 보아요.

1 다음 그림을 보고 빈칸을 채운 후, 큰 소리로 말해 보세요.

①

A: Tā gāo bu gāo?
B: Tā _____ .

②

A: Nǐmen zhī bu zhīdao?
B: Wǒmen _____ .

③

A: Nǐmen mǎi bu mǎi?
B: Wǒmen _____ .

生词

여러 가지 동사, 중국어로 뭐라고 할까요?

看
kàn 보다

听
tīng 듣다

说
shuō 말하다

写
xiě 쓰다

吃
chī 먹다

喝
hē 마시다

唱
chàng 노래하다

走
zǒu 걷다

跑
pǎo 뛰다

신나는
잰말놀이

중국어와 신나게 놀아 보아요.

数星星
Shǔ xīngxing

天上小星星，地上小青青。
Tiānshàng xiǎo xīngxing, dìshang xiǎo Qīngqing.

青青看星星，星星亮晶晶。
Qīngqing kàn xīngxing, xīngxing liàng jīngjīng.

青青数星星，星星数不清。
Qīngqing shǔ xīngxing, xīngxing shǔbuqīng.

별 세기

하늘에는 별들, 땅 위에는 칭칭.
칭칭은 별을 보고, 별은 반짝반짝 빛나요.
칭칭은 별을 세지만, 별은 이루 다 헤아릴 수 없이 많아요.

너 뭐 하니?

你做什么?
Nǐ zuò shénme?

이 과에서는요!

민호가 오늘은 뭔가를 열심히 하고 있네요.

윤아는 민호가 무엇을 하는지 궁금해요.

뭘 그리 열심히 하는지 한번 물어볼까요?

이번 과에서는 '무엇'과 '무슨 ~'이라는 표현에 대해 배워 봐요.

표현 쏙쏙

1 무엇 · 什么

2 무슨 ~ · 什么…

단어 쏙쏙

- zuò 做 하다, 만들다
- shénme 什么 무엇, 무슨 ~
- zuòyè 作业 숙제
- Hànyǔ 汉语 중국어

Track06-02

민호가 쉬는 시간에 뭔가를 열심히 하고 있어요. 윤아는 민호가 뭘 그리 열심히 하는지 궁금한가 봐요. 다가가 뭘 하는지 물어보네요.

Nǐ zuò shénme?
你做什么？

Wǒ zuò zuòyè.
我做作业。

Zuò shénme zuòyè?
做什么作业？

Zuò Hànyǔ zuòyè.
做汉语作业。

1 무엇 什么

shénme 什么는 '무엇'이라는 뜻입니다. 뭘 하는지, 뭘 좋아하는지, 뭘 보는지 등에 대해 물어볼 때 동작을 나타내는 말 뒤에 什么를 넣으면 의문문이 된답니다. 단, 이때 뒤에 ma 吗는 넣으면 안 돼요!

 Nǐ chī shénme? 너 뭐 먹니?
你吃什么?

 Wǒ chī bǐsàbǐng. 나 피자 먹어.
我吃比萨饼。

 Nǐ xué shénme? 너 뭐 공부하니?
你学什么?

 Wǒ xué Hànyǔ. 나 중국어 공부해.
我学汉语。

 Tā zuò shénme? 그녀는 뭐 하니?
她做什么?

 Tā wánr diànnǎo. 그녀는 컴퓨터를 해.
她玩儿电脑。

吃 chī 먹다 | 比萨饼 bǐsàbǐng 피자 | 学 xué 배우다
玩儿电脑 wánr diànnǎo 컴퓨터를 하다

2 무슨 ~ 什么…

shénme 什么는 형용사처럼 명사를 꾸미는 데 쓰이기도 하는데, 什么 뒤에
영화, 노래와 같은 명사가 오면 '무슨 영화', '무슨 노래'라는 뜻이 됩니다.

 Nǐ kàn shénme **diànyǐng?** 너 무슨 영화 보니?
你看什么电影？

 Wǒ kàn Zhōngguó diànyǐng. 나 중국 영화 봐.
我看中国电影。

 Nǐ tīng shénme **gē?** 너 무슨 노래 듣니?
你听什么歌？

 Wǒ tīng Hánguó gē. 나 한국 노래 들어.
我听韩国歌。

 Yǔn'ér mǎi shénme **yīfu?** 윤아는 무슨 옷을 사니?
允儿买什么衣服？

 Tā mǎi liányīqún. 윤아는 원피스를 사.
她买连衣裙。

看 kàn 보다 ｜ 电影 diànyǐng 영화 ｜ 中国 Zhōngguó 중국 ｜ 听 tīng 듣다
歌 gē 노래 ｜ 韩国 Hánguó 한국 ｜ 衣服 yīfu 옷 ｜ 连衣裙 liányīqún 원피스

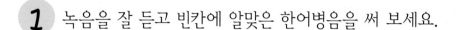

잘 듣고 쓰기

배운 내용을 들으며 복습해 보아요.

1 녹음을 잘 듣고 빈칸에 알맞은 한어병음을 써 보세요.

Track06-05

① ☐ h ☐ ☐ m ☐

② ☐ ☐ n y ☐

③ z ☐ ☐ y ☐

2 녹음을 잘 듣고 성조를 표기해 보세요.

Track06-06

① bisabing

② shenme dianying

③ mai lianyiqun

④ zuo Hanyu zuoye

3 녹음을 잘 듣고 빈칸에 알맞은 단어를 보기 에서 골라 써 넣으세요.

Track06-07

보기   汉语 Hànyǔ   作业 zuòyè   什么 shénme

① 我做_____。

② 做_____作业?

③ 做_____作业。

说说

그림 보고 말하기

자신 있게 말해 보아요.

1 다음 그림과 대화를 알맞게 연결하고 큰 소리로 말해 보세요.

①

A: Yǔn'ér mǎi shénme yīfu?
B: Tā mǎi liányīqún.

②

A: Nǐ xué shénme?
B: Wǒ xué Hànyǔ.

③

A: Nǐ chī shénme?
B: Wǒ chī bǐsàbǐng.

中国故事
즐거운 중국 이야기
중국의 전통 놀이 空竹

공죽(空竹 kōngzhú)은 속이 빈 대나무로 만들었다고 해서 붙여진 이름입니다. 이 공죽은 서양에서 '디아볼로'라는 이름으로 많이 알려져 있습니다.

공죽은 대나무 통 또는 속이 빈 나무통을 연결하여 만든 가운데가 잘록한 장구 형태로, 양쪽 손잡이가 달린 끈을 이용하여 돌립니다. 두 팔로 이리저리 움직이다 보면 공죽이 빠르게 회전하면서 속에서 윙윙~ 하는 재미있는 소리가 납니다.

중국 사람들은 공죽 놀이를 매우 좋아하여 집앞 공터나 공원에서 공죽 놀이를 하는 사람들을 종종 볼 수 있고, 공죽 대회까지 열어 즐기고 있다고 하네요.

또 삼국지나 수호지 같은 책에도 공죽이 등장하는 것을 보면, 천 년이 넘는 세월 동안 중국 사람들의 사랑을 받아 온 국민 놀이임을 알 수 있습니다.

Track07-01

你有没有铅笔?

Nǐ yǒu méiyǒu qiānbǐ?

이 과에서는요!

오늘 민호가 필통을 안 갖고 왔다고 하네요. 공부를 하려면 연필이 필요한데,
윤아에게 연필이 있는지 한번 물어볼까요?

이번 과에서는 '있다'와 '없다'의 표현과 '숫자와 양사'에 대해 배워 봐요.

표현 쏙쏙

1 있다 / 없다 有 / 没有

2 숫자와 양사

단어 쏙쏙

- yǒu 有 있다
- méiyǒu 没有 없다
- qiānbǐ 铅笔 연필
- jǐ 几 몇
- zhī 支 자루[연필을 세는 양사]
- liǎng 两 둘

민호가 오늘은 필통을 집에 두고 왔어요. 당황한 민호가 짝꿍인 윤아에게 연필을 하나 빌리려고 하네요.

Nǐ yǒu méiyǒu qiānbǐ?
你有没有铅笔？

Wǒ yǒu.
我有。

Nǐ yǒu jǐ zhī qiānbǐ?
你有几支铅笔？

Wǒ yǒu liǎng zhī.
我有两支。

Track07-03

1 있다 / 없다 有 / 没有

yǒu 有는 '있다'라는 뜻이고, 앞에 méi 没를 붙인 méiyǒu 没有는 '없다'라는 뜻이에요. 여기서 没는 부정의 뜻을 더하는 단어랍니다. '있니 없니?'라고 물어보려면 긍정형과 부정형을 겹쳐 써서 有没有?라고 하면 되겠죠?

Nǐ yǒu nán péngyou ma? 너 남자 친구 있어?
你有男朋友吗?

Wǒ méiyǒu nán péngyou. 나 남자 친구 없어.
我没有男朋友。

Nǐ yǒu méiyǒu shǒujī. 너 핸드폰 있어 없어?
你有没有手机?

Wǒ yǒu shǒujī. 나 핸드폰 있어.
我有手机。

잠깐!
yǒu méiyǒu 有没有로 물어볼 때에도 뒤에 ma 吗를 넣으면 안 돼요!

男朋友 nán péngyou 남자 친구(★ 女朋友 nǚ péngyou 여자 친구)
手机 shǒujī 핸드폰

2 숫자와 양사

'~개', '~자루', '~벌' 같이 양을 나타내는 말을 양사라고 합니다. 중국어에서는 '숫자＋양사＋물건'의 순서로 말을 합니다. 숫자를 물어볼 때는 '몇'이라는 뜻을 가진 jǐ 几를 써서 물어보면 됩니다.

 Nǐ mǎi jǐ jiàn yīfu? 너 옷 몇 벌 사?
你买几件衣服?

 Wǒ mǎi yí jiàn yīfu. 나 한 벌 사.
我买一件衣服。

 Nǐ yǒu jǐ běn shū? 너 책 몇 권 있어?
你有几本书?

 Wǒ yǒu sān běn shū. 나 책 세 권 있어.
我有三本书。

 잠깐!

yī 一는 뒤에 1, 2, 3성이 오면 4성(yì),
4성, 경성이 오면 2성(yí)으로 발음합니다.

件 jiàn 벌[옷을 세는 양사] | 一 yī 1, 하나 | 本 běn 권[책을 세는 양사]
书 shū 책 | 三 sān 3, 셋

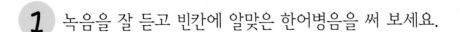

잘 듣고 쓰기 听听

배운 내용을 들으며 복습해 보아요.

1 녹음을 잘 듣고 빈칸에 알맞은 한어병음을 써 보세요.

Track07-05

① m [ ] [ ] y [ ] [ ]

② p [ ] [ ] [ ] y [ ] [ ]

③ q [ ] [ ] [ ] b [ ]

2 녹음을 잘 듣고 성조를 표기해 보세요.

Track07-06

① you shouji

② yi jian yifu

③ you meiyou

④ Ta you nan pengyou.

3 녹음을 잘 듣고 빈칸에 알맞은 단어를 보기 에서 골라 써 넣으세요.

Track07-07

보기   几支 jǐ zhī   两本 liǎng běn   铅笔 qiānbǐ

① 我有_____书。

② 你有_____?

③ 我有_____。

그림 보고
말하기

자신 있게 말해 보아요.

1 다음 그림을 보고 빈칸을 채운 후, 큰 소리로 말해 보세요.

①

A: Nǐ mǎi jǐ jiàn yīfu?
B: Wǒ mǎi _____ jiàn yīfu.

②

A: Nǐ yǒu méiyǒu shǒujī?
B: Wǒ _____ shǒujī.

③

A: Nǐ yǒu jǐ běn shū?
B: Wǒ yǒu _____ běn shū.

生词

1부터 10까지 숫자, 중국어로 뭐라고 할까요?

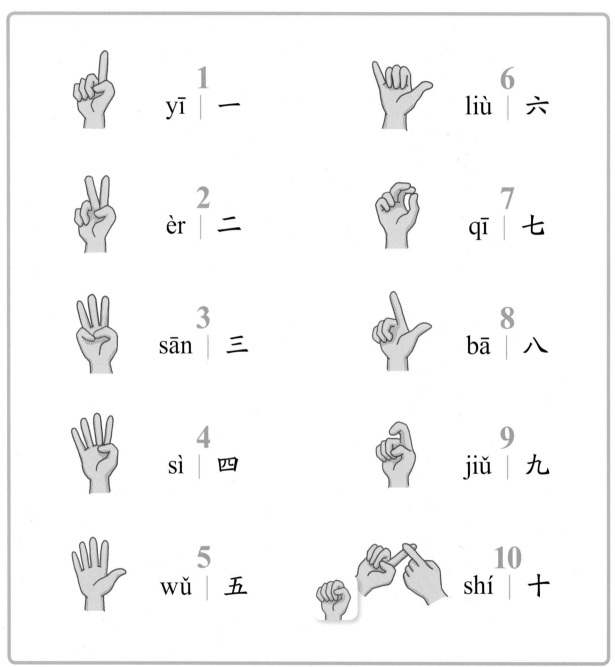

yī | 一 **1**

èr | 二 **2**

sān | 三 **3**

sì | 四 **4**

wǔ | 五 **5**

liù | 六 **6**

qī | 七 **7**

bā | 八 **8**

jiǔ | 九 **9**

shí | 十 **10**

※ 숫자 '2'는 혼자 쓰일 땐 'èr 二'을 쓰고, 뒤에 양사가 오면 'liǎng 两'을 씁니다.

똑똑한 단어

生词

물건을 세는 양사, 중국어로 뭐라고 할까요?

Track07-09

옷을 셀 때

件
jiàn
벌

공기, 그릇에 담긴 것을 셀 때

碗
wǎn
공기, 그릇

책을 셀 때

本
běn
권

병에 담긴 것을 셀 때

瓶
píng
병

컵에 담긴 것을 셀 때

杯
bēi
잔, 컵

사람이나 물건을 셀 때

个
ge
명, 개

사람을 셀 때[존칭의 뜻을 내포함]

位
wèi
분

쌍으로 있는 것을 셀 때

双
shuāng
쌍

종이를 셀 때

张
zhāng
장

Track08-01

너희 집은 몇 식구가 있니?

你家有几口人?
Nǐ jiā yǒu jǐ kǒu rén?

Nǐ jiā yǒu jǐ kǒu rén?

你家有几口人?

Wǒ jiā yǒu sì kǒu rén.

我家有四口人。

이 과에서는요!

윤아가 민호네 가족사진을 보고 있네요.

민호네 가족이 몇 명인지, 누가 있는지 함께 물어볼까요?

이번 과에서는 '가족을 세는 방법'과 '그리고, ~와'에 대해 배워 봐요.

표현 쏙쏙

1 몇 식구  几口人

2 그리고, ~와 和

단어 쏙쏙

- jiā 家 집
- kǒu 口 식구[가족을 세는 양사]
- rén 人 사람
- bàba 爸爸 아빠
- māma 妈妈 엄마
- dìdi 弟弟 남동생
- hé 和 그리고, ~와

윤아가 우연히 민호의 수첩 속에 있는 민호네 가족사진을 보게 되었어요.
민호네 가족에 대해서 궁금한지 몇 식구인지, 누가 있는지 물어봐요.

Nǐ jiā yǒu jǐ kǒu rén?
你家有几口人?

Wǒ jiā yǒu sì kǒu rén.
我家有四口人。

Dōu yǒu shéi?
都有谁?

Yǒu bàba、māma、dìdi hé wǒ.
有爸爸、妈妈、弟弟和我。

1 몇 식구 几口人

몇 식구, 즉 가족을 셀 때는 양사 kǒu 口를 쓴대요. 그리고 그 외에 사람을 세는 양사로는 '~명'이라는 뜻의 **ge 个**와 '~분'이라는 뜻의 **wèi 位**가 있습니다.

Nǐ jiā yǒu jǐ kǒu rén?
你家有几口人? 너희 집은 몇 식구가 있니?

Wǒ jiā yǒu wǔ kǒu rén.
我家有五口人。 우리 집은 다섯 식구가 있어.

Nǐ yǒu jǐ ge gēge? 너는 형이 몇 명 있어?
你有几个哥哥?

Wǒ yǒu liǎng ge gēge. 나는 형이 두 명 있어.
我有两个哥哥。

Nǐmen xuéxiào yǒu jǐ wèi lǎoshī?
你们学校有几位老师? 너희 학교에는 선생님이 몇 분 계시니?

Wǒmen xuéxiào yǒu shí wèi lǎoshī.
我们学校有十位老师。 우리 학교에는 선생님이 열 분 계셔.

五 wǔ 5, 다섯 | 哥哥 gēge 형, 오빠 | 学校 xuéxiào 학교

2 그리고, 와 〔 和 〕

hé 和는 '그리고, ~와'라는 뜻이에요. 두 가지를 나열할 땐 두 단어 사이에 써서 '무엇과 무엇'이라고 표현하고, 여러 가지를 나열할 땐 맨 마지막 단어 앞에 써서 '무엇, 무엇 그리고 무엇'이라고 표현합니다.

Nǐ jiā dōu yǒu shéi?
你家都有谁?　　너희 집에 모두 누가 계시니?

Yǒu bàba、māma、jiějie hé wǒ.
有爸爸、妈妈、姐姐和我。　　아빠, 엄마, 언니 그리고 저요.

Nǐ mǎi shénme?　너 뭐 사니?
你买什么?

Wǒ mǎi miànbāo、qiǎokèlì hé kělè.
我买面包、巧克力和可乐。　난 빵, 초콜릿 그리고 콜라를 사.

Tā xué shénme?　그녀는 뭘 배우니?
她学什么?

Tā xué Hànyǔ hé Yīngyǔ.
她学汉语和英语。　그녀는 중국어와 영어를 배워.

姐姐 jiějie 언니, 누나 ｜ 面包 miànbāo 빵 ｜ 巧克力 qiǎokèlì 초콜릿
可乐 kělè 콜라 ｜ 英语 Yīngyǔ 영어

잘 듣고 쓰기

배운 내용을 들으며 복습해 보아요.

1 녹음을 잘 듣고 빈칸에 알맞은 한어병음을 써 보세요.

Track08-05

① x   i

② m   o

③ q   k   l

2 녹음을 잘 듣고 성조를 표기해 보세요.

Track08-06

① ji kou ren

② Dou you shei?

③ baba、mama he jiejie

④ shi wei laoshi

3 녹음을 잘 듣고 빈칸에 알맞은 단어를 보기 에서 골라 써 넣으세요.

Track08-07

보기   个 ge   位 wèi   口 kǒu

① 我家有四_____人。

② 我们学校有十_____老师。

③ 她有四_____朋友。

说说

그림 보고
말하기

자신 있게 말해 보아요.

1 다음 그림을 보고 빈칸을 채운 후, 큰 소리로 말해 보세요.

①

A: Nǐ jiā yǒu jǐ kǒu rén?
B: Wǒ jiā yǒu _____.

②

A: Nǐ jiā dōu yǒu shéi?
B: Yǒu _____、
_____、 jiějie hé wǒ.

③

A: Nǐ yǒu jǐ ge gēge?
B: Wǒ yǒu _____ gēge.

生词

가족 구성원과 관련된 단어,
중국어로 뭐라고 할까요?

Track08-08

爷爷
yéye
할아버지

奶奶
nǎinai
할머니

爸爸
bàba
아빠

妈妈
māma
엄마

哥哥
gēge
형, 오빠

姐姐
jiějie
누나, 언니

弟弟
dìdi
남동생

妹妹
mèimei
여동생

绕口令

Track08-09

신나는 중국어와 신나게 놀아 보아요.

小礼和小丽
Xiǎolǐ hé Xiǎolì

小礼家有梨，
Xiǎolǐ jiā yǒu lí,

小丽家有李。
Xiǎolì jiā yǒu lǐ.

小礼帮小丽摘李，
Xiǎolǐ bāng Xiǎolì zhāi lǐ,

小丽帮小礼摘梨。
Xiǎolì bāng Xiǎolǐ zhāi lí.

小礼와 小丽

小礼네 집에는 배나무가 있고,
小丽네 집에는 자두나무가 있어요.
小礼는 小丽를 도와 자두를 따고,
小丽는 小礼를 도와 배를 땁니다.

1 다음 그림을 보고 빈칸에 알맞은 한어병음을 쓰세요.

①

Mínhào: Tāmen wánr _____ wánr?
Yǔn'ér: Tāmen _____ wánr.

②

Yǔn'ér: Nǐ zuò _____ zuòyè?
Mínhào: Wǒ zuò _____ zuòyè.

③

Mínhào: Nǐ _____ qiānbǐ?
Yǔn'ér: Wǒ yǒu.

④

Yǔn'ér: Dōu yǒu _____?
Mínhào: Yǒu _____

_____ .

2 다음 그림을 보고 빈칸에 알맞은 숫자와 양사의 한어병음을 쓰세요.

①

A: Nǐ hē jǐ _____ kělè?
B: Wǒ hē _____ kělè.

②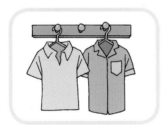

A: Nǐ mǎi jǐ _____ yīfu?
B: Wǒ mǎi _____ yīfu.

③

A: Nǐ yǒu jǐ _____ shū?
B: Wǒ yǒu _____ shū.

④

A: Nǐ jiā yǒu jǐ _____ rén?
B: Wǒ jiā yǒu _____ rén.

⑤

A: Nǐ yǒu jǐ _____ péngyou?
B: Wǒ yǒu _____ péngyou.

그건 뭐야?

那是什么？
Nà shì shénme?

Nà shì shénme?
那是什么？

Zhè shì wǒ de jiǎnzhǐ.
这是我的剪纸。

이 과에서는요!

윤아가 중국 전통 종이 공예품인 지엔즈를 가져왔네요.

민호는 지엔즈가 신기한가 봐요.

누가 만든 것인지 물어볼까요?

이번 과에서는 '이것', '저것'에 해당하는 표현과

'~의 (것), ~한 (것)'이라는 뜻의 단어에 대해 배워 봐요.

표현 쏙쏙

1 이것 / 저것 这 / 那

2 ~의 (것), ~한 (것) 的

단어 쏙쏙

- nà 那 그, 그것
- zhè 这 이, 이것
- de 的 ~의 (것), ~한 (것)
- jiǎnzhǐ 剪纸 지엔즈[중국 전통 종이 공예품]

민호가 우연히 윤아의 책 속에 끼워져 있는 지엔즈를 보았어요. 누가 만든 것인지 물어보니 윤아 엄마가 직접 만든 것이라고 하네요.

Nà shì shénme?
那是什么？

Zhè shì wǒ de jiǎnzhǐ.
这是我的剪纸。

Nà shì shéi zuò de?
那是谁做的？

Wǒ māma zuò de.
我妈妈做的。

1 이것 / 저것 这 / 那

zhè 这는 '이것', nà 那는 '그것(저것)'이라는 뜻입니다. 뒤에 개수를 셀 때 쓰는 양사를 넣어야 하지만, shì 是 앞에서는 양사를 생략할 수 있대요.

Nà shì shénme? 저건 뭐야?
那是什么?

Nà shì wáwa. 저건 인형이야.
那是娃娃。

Zhège hǎochī ma? 이거 맛있어?
这个好吃吗?

Zhège hěn hǎochī. 이거 아주 맛있어.
这个很好吃。

Nǐ mǎi bu mǎi zhè běn shū?
你买不买这本书? 너 이 책 살 거니 안 살 거니?

Wǒ bù mǎi zhè běn shū.
我不买这本书。 난 이 책 안 살 거야.

娃娃 wáwa 인형 | 好吃 hǎochī 맛있다

2 ～의 (것), ～한 (것) 的

de 的는 '～의, ～한'이라는 뜻이에요. 뒤에 컴퓨터, 옷 등의 명사가 오는데, 이런 단어가 뒤에 없으면 '～의 것, ～한 것' 등으로 해석됩니다.

Zhè shì shéi de diànnǎo? 이건 누구의 컴퓨터야?
这是谁的电脑?

Zhè shì bàba de. 이건 아빠의 것이야.
这是爸爸的。

Nà shì shéi zuò de cài? 그건 누가 만든 요리야?
那是谁做的菜?

Nà shì yéye zuò de. 그건 할아버지께서 만드신 거야.
那是爷爷做的。

Nǐ de yīfu hěn piàoliang. 네 옷 아주 예쁘다.
你的衣服很漂亮。

Zhè shì hěn guì de. 이건 아주 비싼 거야.
这是很贵的。

电脑 diànnǎo 컴퓨터 | 菜 cài 요리 | 爷爷 yéye 할아버지 | 漂亮 piàoliang 예쁘다
贵 guì 비싸다

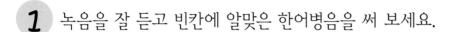

잘 듣고 쓰기 听听

배운 내용을 들으며 복습해 보아요.

1 녹음을 잘 듣고 빈칸에 알맞은 한어병음을 써 보세요.

Track09-05

① ☐ ☐ ☐ n n ☐ ☐

② ☐ i ☐ ☐ h ☐

③ p ☐ ☐ ☐ l ☐ ☐ g

2 녹음을 잘 듣고 성조를 표기해 보세요.

Track09-06

① shei zuo de

② hen piaoliang

③ Wo bu mai na ben shu.

④ Zhe shi hen gui de.

3 녹음을 잘 듣고 빈칸에 알맞은 단어를 보기 에서 골라 써 넣으세요.

Track09-07

보기   那 nà   这个 zhège   的 de

① _____ 好吃吗?

② _____ 是谁做的?

③ 我妈妈做_____。

그림 보고
말하기

자신 있게 말해 보아요.

1 다음 그림과 대화를 알맞게 연결하고 큰 소리로 말해 보세요.

①

A: Zhè shì shéi de diànnǎo?
B: Zhè shì bàba de diànnǎo.

②

A: Nà shì shéi zuò de cài?
B: Nà shì yéye zuò de.

③

A: Zhè jiàn yīfu piàoliang ma?
B: Zhè jiàn yīfu hěn piàoliang.

중국의 전통 공예 剪纸

지엔즈(剪纸 jiǎnzhǐ)는 가위(剪刀 jiǎndāo)와 종이(纸 zhǐ)를 가지고 만드는 재미있는 중국의 전통 공예입니다. 한(漢) 나라 이전부터 만들어 왔다고 하니 정말 오래된 전통 공예이지요.

만드는 방식은 종이를 접은 뒤 모양을 그리고 빈칸을 오리는 방법과, 종이를 접지 않고 가위로 그림을 그리듯 오리는 방법 이 있습니다.

그럼 우리도 한번 만들어 볼까요?

완성!

준비물 :

중국 사람은 빨간색을 좋아한대요!

빨간 색종이, 가위

방 법 :

종이를 위의 그림대로 ❶~❺까지의 순서로 접고,

접은 종이 위에 ❻과 같이 그림을 그리고,

선을 따라 가위로 오리기만 하면 끝!

동민이 어디에 있니?

东民在哪儿?

Dōngmín zài nǎr?

이 과에서는요!

놀기 좋아하는 민호가 웬일인지 도서관에 간대요.

그럼 동민이는 어디에 있는지 물어볼까요?

이번 과에서는 '~에 가다'와 '~에 있다'라는 동사,

그리고 '어디'라는 말에 대해 배워 봐요.

표현 쏙쏙

1 ~에 가다 去
　 ~에 있다 在

2 어디 哪儿

단어 쑥쑥

- qù 去 ~에(로) 가다
- nǎr 哪儿 어디
- túshūguǎn 图书馆 도서관
- zài 在 ~에 있다
- yùndòngchǎng 运动场 운동장

윤아가 모처럼 심심해 보이네요. 민호는 책을 보러 도서관에 가고, 동민이는 운동장에서 축구를 하고 있기 때문인가 봐요.

Mínhào, nǐ qù nǎr?
民浩，你去哪儿？

Wǒ qù túshūguǎn.
我去图书馆。

Dōngmín zài nǎr?
东民在哪儿？

Tā zài yùndòngchǎng.
他在运动场。

1 ~에 가다 去 ~에 있다 在

qù 去는 '~에 가다', zài 在는 '~에 있다'라는 뜻으로 뒤에 장소가 따라와요.
이 동사를 활용하여 '학교에 가다', '집에 있다' 등으로 자유롭게 말할 수 있답니다.

 Nǐ qù xuéxiào ma? 너 학교에 가니?
你去学校吗?

 Bù, wǒ qù bǔxíbān. 아니, 나 학원에 가.
不，我去补习班。

 Tā zài shāngdiàn ma? 그녀는 상점에 있니?
她在商店吗?

 Tā zài fànguǎnr. 그녀는 식당에 있어.
她在饭馆儿。

 Māma zài bu zài jiā? 엄마는 집에 계시니 안 계시니?
妈妈在不在家?

 Māma bú zài jiā. 엄마는 집에 안 계세요.
妈妈不在家。

补习班 bǔxíbān 학원 ┃ 商店 shāngdiàn 상점 ┃ 饭馆儿 fànguǎnr 식당

2 어디 哪儿

nǎr 哪儿은 '어디', 즉 장소를 물어볼 때 쓰는 말이에요. shénme 什么나 shéi 谁 같이 의문문을 만들어 주는 단어이므로 뒤에 ma 吗를 쓰지 않습니다.

Nǐ qù nǎr? 너 어디 가니?
你去哪儿?

Wǒ qù yīyuàn. 전 병원에 가요.
我去医院。

Māma qù nǎr? 엄마는 어디에 가시니?
妈妈去哪儿?

Māma qù bǎihuò shāngdiàn. 엄마는 백화점에 가셔.
妈妈去百货商店。

Gēge zài nǎr? 형은 어디에 있어?
哥哥在哪儿?

Gēge zài wǎngbā. 형은 PC방에 있어.
哥哥在网吧。

医院 yīyuàn 병원 | 百货商店 bǎihuò shāngdiàn 백화점 | 网吧 wǎngbā PC방

배운 내용을 들으며 복습해 보아요.

1 녹음을 잘 듣고 빈칸에 알맞은 한어병음을 써 보세요.

Track10-05

① t ⬜ ⬜ h ⬜ ⬜ ⬜ ⬜ n

② b ⬜ ⬜ ⬜ b ⬜ ⬜

③ w ⬜ ⬜ ⬜ ⬜ ⬜

2 녹음을 잘 듣고 성조를 표기해 보세요.

Track10-06

① baihuo shangdian

② Ni qu nar?

③ Ta zai yundongchang.

④ Mama bu zai jia.

3 녹음을 잘 듣고 빈칸에 알맞은 단어를 보기 에서 골라 써 넣으세요.

Track10-07

보기 在 zài   去 qù   哪儿 nǎr

① 你_____学校吗?

② 你去_____?

③ 妈妈_____家吗?

그림 보고
말하기

자신 있게 말해 보아요.

1 다음 그림과 대화를 알맞게 연결하고 큰 소리로 말해 보세요.

①

A: Māma qù nǎr?
B: Māma qù bǎihuò shāngdiàn.

②

A: Nǐ qù xuéxiào ma?
B: Bù, wǒ qù bǔxíbān.

③

A: Gēge zài nǎr?
B: Gēge zài wǎngbā.

장소와 관련된 단어, 중국어로 뭐라고 할까요?

Track 10-08

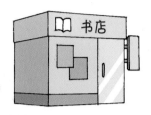

补习班
bǔxíbān
학원

商店
shāngdiàn
상점

书店
shūdiàn
서점

饭馆儿
fànguǎnr
식당

超市
chāoshì
슈퍼마켓

网吧
wǎngbā
PC방

医院
yīyuàn
병원

百货商店
bǎihuò shāngdiàn
백화점

신나는
잼말놀이

중국어와 신나게 놀아 보아요.

Track 10-09

长城长

Chángchéng cháng

长城长，城墙长，

Chángchéng cháng, chéngqiáng cháng,

长长长城，

cháng cháng Chángchéng,

长城墙，

cháng chéngqiáng,

城墙长，长城长。

chéngqiáng cháng, Chángchéng cháng.

만리장성이 길어요

만리장성이 길어요, 성벽이 길어요.
길고 긴 만리장성,
긴 성벽,
성벽이 길어요, 만리장성이 길어요.

우리 내일 뭐 하지?

我们明天干什么?
Wǒmen míngtiān gàn shénme?

Wǒmen míngtiān gàn shénme?

我们明天干什么?

Míngtiān xiàwǔ yìqǐ qù Àibǎo Lèyuán.

明天下午一起去爱宝乐园。

이 과에서는요!

내일이면 기다리고 기다리던 여름 방학이 시작된대요.

방학 첫날 무엇을 하고 싶은지 물어볼까요?

이번 과에서는 시간을 나타내는 말 '내일'과 '매우 ~하다'라는

강조의 표현에 대해 배워 봐요.

표현 쏙쏙

1 내일　明天

2 매우 ~하다　太…了

단어 쑥쑥

- míngtiān 明天 내일
- fàng jià 放假 방학하다
- tài…le 太…了 매우 ~하다
- gàn 干 하다
- xiàwǔ 下午 오후
- yìqǐ 一起 함께
- Àibǎo Lèyuán 爱宝乐园 에버랜드

기다리고 기다리던 여름 방학! 민호와 윤아는 여름 방학 계획을 세우네요.
어떤 계획이 있는지 들어 보고 우리도 함께 이야기해 볼까요?

Míngtiān wǒmen fàng jià.
明天我们放假。

Tài hǎo le!
太好了!

Wǒmen míngtiān gàn shénme?
我们明天干什么?

Míngtiān xiàwǔ yìqǐ qù Àibǎo Lèyuán.
明天下午一起去爱宝乐园。

Track11-03

1 내일 明天

míngtiān 明天(내일)이나 xiàwǔ 下午(오후) 같이 시간을 나타내는 말들은 우리말과 마찬가지로 문장 맨 앞이나, 주어 바로 뒤에 올 수 있습니다. 또 두 단어가 같이 쓰이게 될 경우에는 明天下午(내일 오후)처럼 큰 것에서 작은 것 순으로 말하면 돼요.

Zuótiān nǐ zài nǎr? 어제 너 어디 있었니?
昨天你在哪儿?

Zuótiān wǒ zài jiā. 어제 나 집에 있었어.
昨天我在家。

Jīntiān wǎnshang nǐ chī shénme?
今天晚上你吃什么? 오늘 저녁에 너는 뭐 먹을 거야?

Jīntiān wǎnshang wǒ chī hànbǎobāo.
今天晚上我吃汉堡包。 오늘 저녁에 난 햄버거 먹을 거야.

Nǐ měitiān zǎoshang qù nǎr?
你每天早上去哪儿? 너 매일 아침마다 어디 가니?

Wǒ měitiān zǎoshang qù yīyuàn.
我每天早上去医院。 나 매일 아침마다 병원에 가.

昨天 zuótiān 어제 | 今天 jīntiān 오늘 | 晚上 wǎnshang 저녁
汉堡包 hànbǎobāo 햄버거 | 每天 měitiān 매일 | 早上 zǎoshang 아침

2 매우 ~하다

tài…le 太…了는 '매우 ~하다, 정말 ~하다'는 말입니다. 중간에는 hǎo 好(좋다), piàoliang 漂亮(예쁘다) 등과 같이 상태를 나타내는 말을 넣으면 됩니다.

 Zhè shì wǒ qiántiān mǎi de yīfu.
这是我前天买的衣服。 이건 내가 그저께 산 옷이야.

 Tài piàoliang le!
太漂亮了！ 정말 예쁘다!

 Tā hòutiān shàngwǔ lái Hánguó.
她后天上午来韩国。 그녀는 모레 오전에 한국에 온대.

 Tài hǎo le!
太好了！ 정말 잘 됐다!

 Wǒmen zhōngwǔ chī bǐsàbǐng.
我们中午吃比萨饼。 우리 점심 때 피자 먹자.

 Bùxíng, bǐsàbǐng tài guì le!
不行，比萨饼太贵了！ 안 돼, 피자는 너무 비싸!

前天 qiántiān 그저께 | 后天 hòutiān 모레 | 上午 shàngwǔ 오전 | 来 lái 오다
中午 zhōngwǔ 정오 | 不行 bùxíng 안 된다

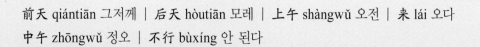

听听

1 녹음을 잘 듣고 빈칸에 알맞은 한어병음을 써 보세요.

Track11-05

① [ ] [ ] **n** [ ] | **j** [ ] [ ]

② **q** [ ] [ ] | [ ] **i** [ ]

③ **z** [ ] [ ] [ ] | **w** [ ]

2 녹음을 잘 듣고 성조를 표기해 보세요.

Track11-06

① jintian zaoshang

② mingtian shangwu

③ houtian wanshang

④ Zuotian xiawu ni zai nar?

3 녹음을 잘 듣고 빈칸에 알맞은 단어를 보기 에서 골라 써 넣으세요.

Track11-07

보기 晚上 wǎnshang   每天 měitiān   早上 zǎoshang

① _____你在哪儿?

② 我_____上午去图书馆。

③ 明天_____干什么?

그림 보고 말하기

说说

자신 있게 말해 보아요.

1 다음 그림과 대화를 알맞게 연결하고 큰 소리로 말해 보세요.

①

A: Jīntiān wǎnshang nǐ chī shénme?

B: Jīntiān wǎnshang wǒ chī bǐsàbǐng.

②

A: Zhè shì wǒ qiántiān mǎi de yīfu.

B: Tài piàoliang le.

③

A: Nǐ měitiān zǎoshang qù nǎr?

B: Wǒ měitiān zǎoshang qù yīyuàn.

시간과 날짜, 중국어로는 뭐라고 할까요?

Track11-08

7월

Mon	Tue	Wed	Thu	Fri	Sat	Sun
		1	2	3	4	5
6	7	8	9	10	11	12
13 前天 qiántiān 그저께	14 昨天 zuótiān 어제	15 今天 jīntiān 오늘	16 明天 míngtiān 내일	17 后天 hòutiān 모레	18	19
每天 měitiān 매일						
20	21	22	23	24	25	26
27	28	29	30	31		

中午
zhōngwǔ
정오

上午
shàngwǔ
오전

下午
xiàwǔ
오후

早上
zǎoshang
아침

晚上
wǎnshang
저녁

兔和肚
Tù hé dù

白兔是白肚，
Báitù shì bái dù,

黑兔是黑肚。
hēitù shì hēi dù.

白兔白肚不是黑肚，
Báitù bái dù bú shì hēi dù,

黑兔黑肚不是白肚。
hēitù hēi dù bú shì bái dù.

토끼와 배

흰 토끼는 흰 배,
검은 토끼는 검은 배.

흰 토끼는 흰 배이지 검은 배가 아니고,
검은 토끼는 검은 배이지 흰 배가 아니에요.

이거 주세요.

给我们这个。

Gěi wǒmen zhège.

Yào nǎge bàomǐhuā?

要哪个爆米花?

Gěi wǒmen zhège.

给我们这个。

이 과에서는요!

민호, 윤아, 동민 그리고 하나는 방학 첫날 놀이공원에 갔어요.
한참을 신나게 놀다가 잠시 쉬려고 팝콘을 사네요.
이번 과에서는 '어느, 어떤'이라는 말과
'~에게 주다'라는 표현에 대해 배워 봐요.

표현
쏙쏙

1 어느, 어떤 哪

2 ~에게 주다 给

단어
쏙쏙

- yào 要 원하다
- bàomǐhuā 爆米花 팝콘
- nǎ 哪 어느, 어떤
- gěi 给 ~에게 주다

민호와 윤아가 방학을 하여 친구들과 함께 놀이공원에 갔어요.
신나게 놀고 지쳤는지 팝콘을 먹으며 쉬려고 하네요.

Nǐmen yào shénme?
你们要什么？

Wǒmen yào bàomǐhuā.
我们要爆米花。

Yào nǎge bàomǐhuā?
要哪个爆米花？

Gěi wǒmen zhège.
给我们这个。

1 어느, 어떤 哪

nǎ 哪는 '어느, 어떤'이라는 뜻으로 대부분 뒤에 개수를 셀 때 쓰는 양사가 붙습니다. 대답을 할 때는 zhè 这와 nà 那로 대답할 수 있답니다.

Nǐ yào nǎ běn shū? 어떤 책을 원하세요?
你要哪本书?

Wǒ yào zhè běn shū. 나는 이 책을 원해.
我要这本书。

Nǎge péngyou zuì gāo?
哪个朋友最高? 어떤 친구가 제일 키가 크니?

Dōngmín zuì gāo.
东民最高。 동민이가 제일 커요.

Nǎ píng kělè zuì hǎohē?
哪瓶可乐最好喝? 어느 병의 콜라가 제일 맛있어?

Zhè píng kělè.
这瓶可乐。 이 콜라.

最 zuì 가장 | 瓶 píng 병[병에 담긴 것을 세는 양사]
好喝 hǎohē (마시는 것이) 맛있다

Track 12-04

2 ～에게 주다 给

gěi 给는 '～에게 주다'라는 뜻입니다. 바로 뒤에 사람이 오고, 그 뒤에 물건이 와서 목적어를 두 개 가지는 동사입니다.

Nǐ gěi bu gěi wǒ miànbāo?
你给不给我面包? 너 나한테 빵 줄래 안 줄래?

Wǒ bù gěi nǐ miànbāo.
我不给你面包。 나 너한테 빵 안 줄 거야.

Nǐ gěi shéi wáwa? 너 누구에게 인형을 줄 거야?
你给谁娃娃?

Wǒ gěi tā wáwa. 난 그녀에게 인형을 줄 거야.
我给她娃娃。

Nǐ gěi shéi lǐwù? 넌 누구에게 선물을 줄 거니?
你给谁礼物?

Wǒ gěi péngyou lǐwù. 난 친구에게 선물을 줄 거야.
我给朋友礼物。

礼物 lǐwù 선물

1   녹음을 잘 듣고 빈칸에 알맞은 한어병음을 써 보세요.

Track12-05

① | | | o | h | |

② | b | | | | h | |

③ | l | | | |

2   녹음을 잘 듣고 성조를 표기해 보세요.

Track12-06

① nage pengyou

② gei ta wawa

③ shei gei ta

④ Na ping kele zui haohe?

3   녹음을 잘 듣고 빈칸에 알맞은 단어를 보기 에서 골라 써 넣으세요.

Track12-07

보기   **哪** nǎ   **给** gěi   **要** yào

① 你_____什么?

② _____个最好?

③ _____我这个。

그림 보고
말하기

자신 있게 말해 보아요.

1 다음 그림과 대화를 알맞게 연결하고 큰 소리로 말해 보세요.

①

A: Nǐ yào nǎ běn shū?
B: Wǒ yào zhè běn shū.

②

A: Nǎge péngyou zuì gāo?
B: Dōngmín zuì gāo.

③

A: Nǐ gěi shéi wáwa?
B: Wǒ gěi tā wáwa.

중국의 놀이공원

중국어로 놀이공원은 游乐场 yóulèchǎng이라고 합니다.
우리나라의 에버랜드, 롯데월드처럼 중국에서 제일 유명한 놀
이공원은 선전의 해피밸리(欢乐谷 Huānlègǔ), 광저우의 해피
월드(欢乐世界 Huānlè Shìjiè), 홍콩과 상하이의 디즈니랜드
(迪斯尼乐园 Dísīní Lèyuán) 등입니다.

이러한 놀이공원에는 워낙 사람이 많아서 주말에 놀이공원에 가면 1시간 동안 줄을 서는 것은 기본이라고 하네요. 또 입장권은 인민폐 220~250위안 정도로, 우리 돈으로 보면 4만 원이 넘는데, 자유 이용권도 아닌 입장료 가격이 이 정도라니 좀 비싼 편이지만, 할인 조건도 많으니 잘 알아봐야겠죠?

우리가 많이 타는 롤러코스터는 过山车 guòshānchē, 바이킹은 海盗船 hǎidàochuán이라고 해요.

1 다음 그림을 보고 빈칸에 알맞은 한어병음을 넣으세요.

①

Mínhào: **Nà shì shénme?**
Yǔn'ér: _____ shì wǒ _____ jiǎnzhǐ.

②

Mínhào: **Dōngmín zài _____?**
Yǔn'ér: **Tā zài _____.**

③

Yǔn'ér: _____ wǒmen fàng jià.
Mínhào: _____ hǎo _____.

④

fúwùyuán: **Yào _____ bàomǐhuā?**
Mínhào: _____ wǒmen zhège.

2 다음 문장을 읽고 알맞은 그림을 고르세요.

① A: 她在哪儿？
B: 她在学校。

② A: 我们干什么？
B: 我们去百货商店。

③ A: 这是什么？
B: 这是哥哥的衣服。

④ A: 你们要什么？
B: 给我们那本书。

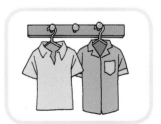

NEW
맛있는
주니어 중국어
①

1과 34쪽 · 35쪽

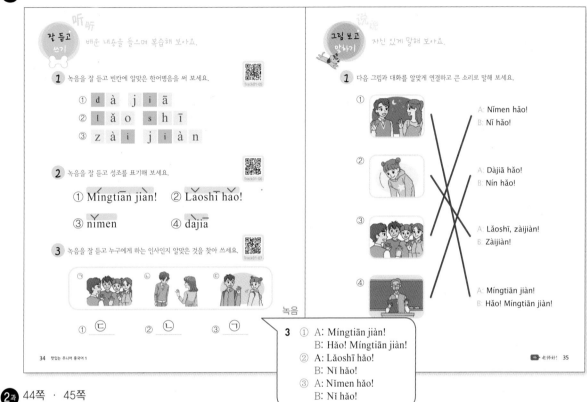

배운 내용을 들으며 복습해 보아요.

1 녹음을 잘 듣고 빈칸에 알맞은 한어병음을 써 보세요.

① dàjiā
② lǎoshī
③ zàijiàn

2 녹음을 잘 듣고 성조를 표기해 보세요.

① Míngtiān jiàn! ② Lǎoshī hǎo!
③ nǐmen ④ dàjiā

3 녹음을 잘 듣고 누구에게 하는 인사인지 알맞은 것을 찾아 쓰세요.

① ㉢ ② ㉡ ③ ㉠

34 맛있는 주니어 중국어 1

说说 그림 보고 말하기 자신 있게 말해 보아요.

1 다음 그림과 대화를 알맞게 연결하고 큰 소리로 말해 보세요.

① A: Nǐmen hǎo!
   B: Nǐ hǎo!

② A: Dàjiā hǎo!
   B: Nín hǎo!

③ A: Lǎoshī, zàijiàn!
   B: Zàijiàn!

④ A: Míngtiān jiàn!
   B: Hǎo! Míngtiān jiàn!

3 ① A: Míngtiān jiàn!
     B: Hǎo! Míngtiān jiàn!
   ② A: Lǎoshī hǎo!
     B: Nǐ hǎo!
   ③ A: Nǐmen hǎo!
     B: Nǐ hǎo!

老师好! 35

2과 44쪽 · 45쪽

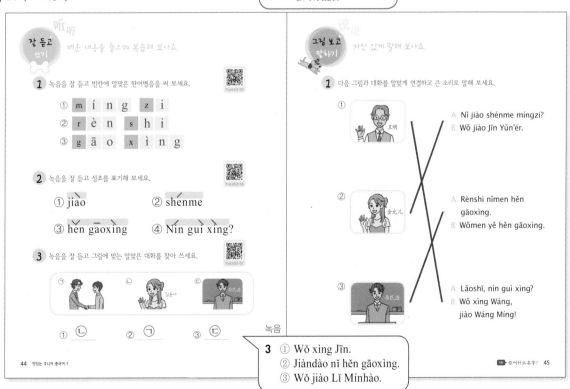

배운 내용을 들으며 복습해 보아요.

1 녹음을 잘 듣고 빈칸에 알맞은 한어병음을 써 보세요.

① míngzi
② rènshi
③ gāoxìng

2 녹음을 잘 듣고 성조를 표기해 보세요.

① jiào ② shénme
③ hěn gāoxìng ④ Nín guì xìng?

3 녹음을 잘 듣고 그림에 맞는 알맞은 대화를 찾아 쓰세요.

① ㉡ ② ㉠ ③ ㉢

44 맛있는 주니어 중국어 1

说说 그림 보고 말하기 자신 있게 말해 보아요.

1 다음 그림과 대화를 알맞게 연결하고 큰 소리로 말해 보세요.

① A: Nǐ jiào shénme míngzi?
   B: Wǒ jiào Jīn Yǔn'ér.

② A: Rènshi nǐmen hěn
      gāoxìng.
   B: Wǒmen yě hěn gāoxìng.

③ A: Lǎoshī, nín guì xìng?
   B: Wǒ xìng Wáng,
      jiào Wáng Míng!

3 ① Wǒ xìng Jīn.
   ② Jiàndào nǐ hěn gāoxìng.
   ③ Wǒ jiào Lǐ Mínhào.

你叫什么名字? 45

3과 54쪽 · 55쪽

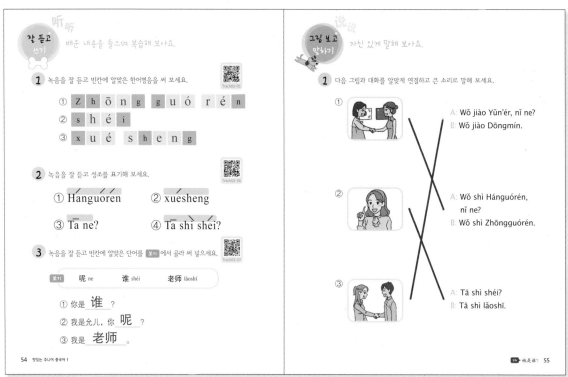

듣기

잘 듣고 쓰기 배운 내용을 들으며 복습해 보아요.

1 녹음을 잘 듣고 빈칸에 알맞은 한어병음을 써 보세요.

① Zhōng guó rén
② shéi
③ xué sheng

2 녹음을 잘 듣고 성조를 표기해 보세요.

① Hanguoren ② xuesheng
③ Tā ne? ④ Tā shì shei?

3 녹음을 잘 듣고 빈칸에 알맞은 단어를 보기에서 골라 써 넣으세요.

보기 呢 ne 谁 shéi 老师 lǎoshī

① 你是 谁 ?
② 我是允儿, 你 呢 ?
③ 我是 老师 。

말하기

그림 보고 말하기 자신 있게 말해 보아요.

1 다음 그림과 대화를 알맞게 연결하고 큰 소리로 말해 보세요.

① A: Wǒ jiào Yǔn'ér, nǐ ne?
B: Wǒ jiào Dōngmín.

② A: Wǒ shì Hánguórén, nǐ ne?
B: Wǒ shì Zhōngguórén.

③ A: Tā shì shéi?
B: Tā shì lǎoshī.

4과 64쪽 · 65쪽

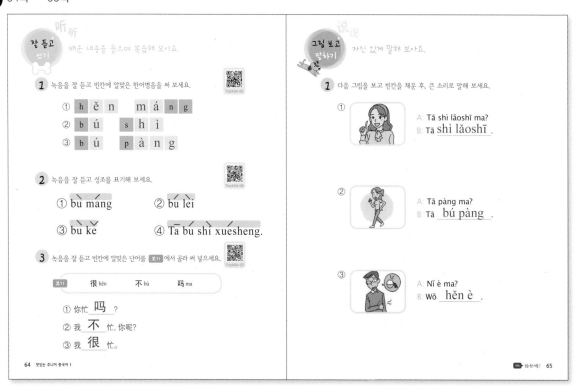

듣기

잘 듣고 쓰기 배운 내용을 들으며 복습해 보아요.

1 녹음을 잘 듣고 빈칸에 알맞은 한어병음을 써 보세요.

① hěn máng
② bú shì
③ bú pàng

2 녹음을 잘 듣고 성조를 표기해 보세요.

① bu mang ② bu lei
③ bu ke ④ Tā bu shì xuesheng.

3 녹음을 잘 듣고 빈칸에 알맞은 단어를 보기에서 골라 써 넣으세요.

보기 很 hěn 不 bù 吗 ma

① 你忙 吗 ?
② 我 不 忙, 你呢?
③ 我 很 忙。

말하기

그림 보고 말하기 자신 있게 말해 보아요.

1 다음 그림을 보고 빈칸을 채운 후, 큰 소리로 말해 보세요.

① A: Tā shì lǎoshī ma?
B: Tā shì lǎoshī .

② A: Tā pàng ma?
B: Tā bú pàng .

③ A: Nǐ è ma?
B: Wǒ hěn è .

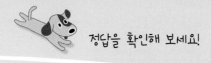

복습 68쪽 · 69쪽

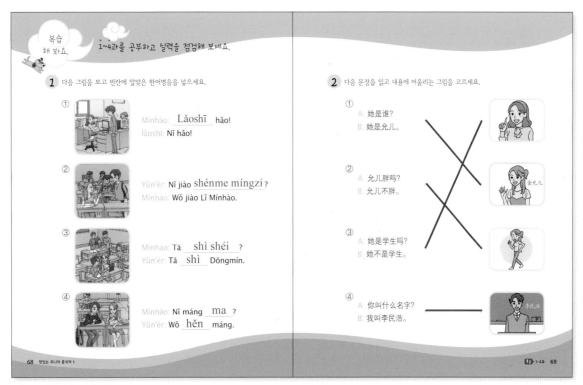

5과 76쪽 · 77쪽

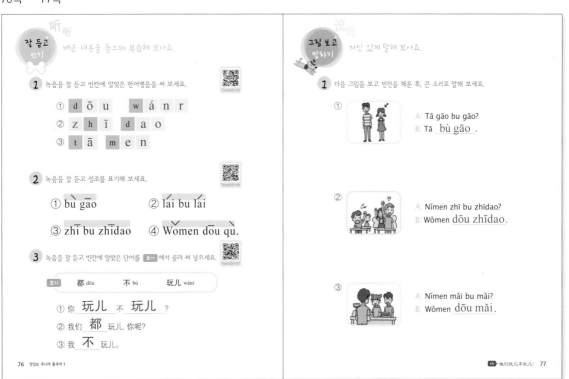

6과 86쪽 · 87쪽

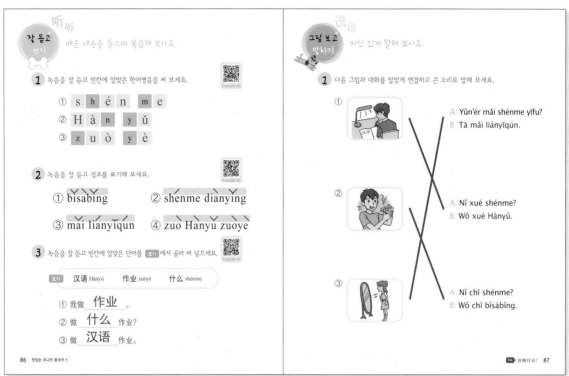

잘 듣고 쓰기 배운 내용을 들으며 복습해 보아요.

1 녹음을 잘 듣고 빈칸에 알맞은 한어병음을 써 보세요.

① s h é n m e
② H à n y ǔ
③ z u ò y è

2 녹음을 잘 듣고 성조를 표기해 보세요.

① bisabing ② shenme dianying
③ mai lianyiqun ④ zuo Hanyu zuoye

3 녹음을 잘 듣고 빈칸에 알맞은 단어를 보기에서 골라 써 넣으세요.

보기 汉语 Hànyǔ   作业 zuòyè   什么 shénme

① 我做 **作业** 。
② 做 **什么** 作业?
③ 做 **汉语** 作业。

그림 보고 말하기 자신 있게 말해 보아요.

1 다음 그림과 대화를 알맞게 연결하고 큰 소리로 말해 보세요.

① A: Yún'ér mǎi shénme yīfu?
B: Tā mǎi liányīqún.

② A: Nǐ xué shénme?
B: Wǒ xué Hànyǔ.

③ A: Nǐ chī shénme?
B: Wǒ chī bǐsàbǐng.

86 맛있는 주니어 중국어 1   6과 你做什么? 87

7과 96쪽 · 97쪽

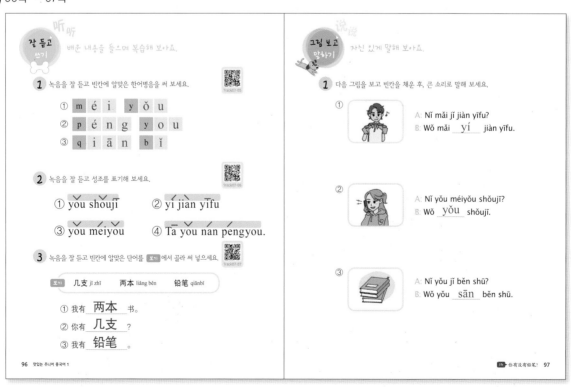

잘 듣고 쓰기 배운 내용을 들으며 복습해 보아요.

1 녹음을 잘 듣고 빈칸에 알맞은 한어병음을 써 보세요.

① m é i y ǒ u
② p é n g y o u
③ q i ā n b ǐ

2 녹음을 잘 듣고 성조를 표기해 보세요.

① you shouji ② yi jian yifu
③ you meiyou ④ Ta you nan pengyou.

3 녹음을 잘 듣고 빈칸에 알맞은 단어를 보기에서 골라 써 넣으세요.

보기 几支 jǐ zhī   两本 liǎng běn   铅笔 qiānbǐ

① 我有 **两本** 书。
② 你有 **几支** ?
③ 我有 **铅笔** 。

그림 보고 말하기 자신 있게 말해 보아요.

1 다음 그림을 보고 빈칸을 채운 후, 큰 소리로 말해 보세요.

① A: Nǐ mǎi jǐ jiàn yīfu?
B: Wǒ mǎi **yí** jiàn yīfu.

② A: Nǐ yǒu méiyǒu shǒujī?
B: Wǒ **yǒu** shǒujī.

③ A: Nǐ yǒu jǐ běn shū?
B: Wǒ yǒu **sān** běn shū.

96 맛있는 주니어 중국어 1   7과 你有没有铅笔? 97

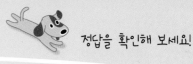

8과 106쪽 · 107쪽

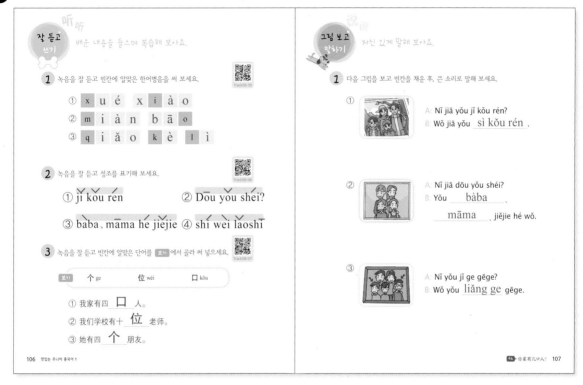

복습 110쪽 · 111쪽

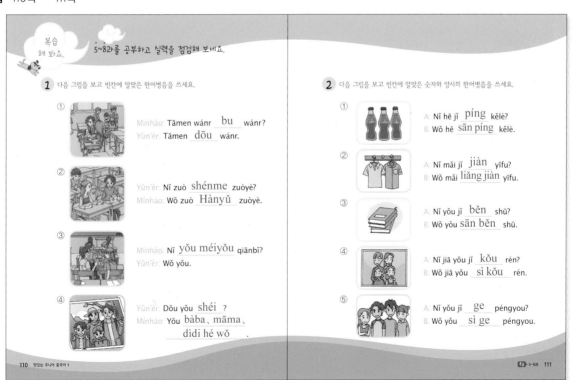

9과 118쪽 · 119쪽

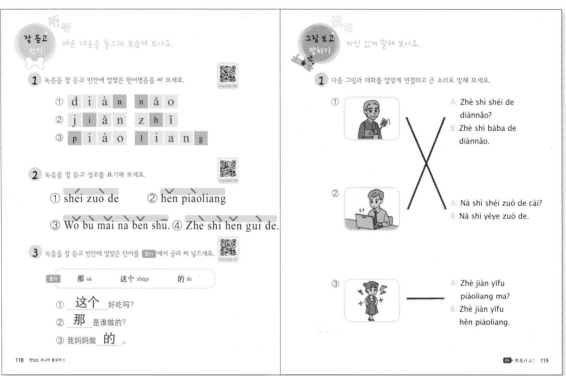

听听

잘 듣고 쓰기 배운 내용을 들으며 복습해 보아요.

1 녹음을 잘 듣고 빈칸에 알맞은 한어병음을 써 보세요.

① d i à n n ǎ o
② j i ǎ n z h ǐ
③ p i à o l i a n g

2 녹음을 잘 듣고 성조를 표기해 보세요.

① shei zuo de   ② hen piaoliang
③ Wo bu mai na ben shu. ④ Zhe shi hen gui de.

3 녹음을 잘 듣고 빈칸에 알맞은 단어를 보기 에서 골라 써 넣으세요.

보기 那 nà   这个 zhège   的 de

① 这个 好吃吗?
② 那 是谁做的?
③ 我妈妈做 的 。

说说

그림 보고 말하기 자신 있게 말해 보아요.

1 다음 그림과 대화를 알맞게 연결하고 큰 소리로 말해 보세요.

① A: Zhè shì shéi de diànnǎo?
  B: Zhè shì bàba de diànnǎo.

② A: Nà shì shéi zuò de cài?
  B: Nà shì yéye zuò de.

③ A: Zhè jiàn yīfu piàoliang ma?
  B: Zhè jiàn yīfu hěn piàoliang.

10과 128쪽 · 129쪽

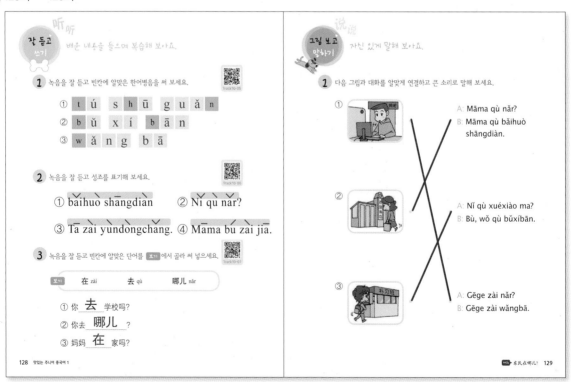

听听

잘 듣고 쓰기 배운 내용을 들으며 복습해 보아요.

1 녹음을 잘 듣고 빈칸에 알맞은 한어병음을 써 보세요.

① t ú s h ū g u ǎ n
② b ǔ x í b ā n
③ w ǎ n g b ā

2 녹음을 잘 듣고 성조를 표기해 보세요.

① baihuo shangdian   ② Ni qu nar?
③ Ta zai yundongchang. ④ Mama bu zai jia.

3 녹음을 잘 듣고 빈칸에 알맞은 단어를 보기 에서 골라 써 넣으세요.

보기 在 zài   去 qù   哪儿 nǎr

① 你 去 学校吗?
② 你去 哪儿 ?
③ 妈妈 在 家吗?

说说

그림 보고 말하기 자신 있게 말해 보아요.

1 다음 그림과 대화를 알맞게 연결하고 큰 소리로 말해 보세요.

① A: Māma qù nǎr?
  B: Māma qù bǎihuò shāngdiàn.

② A: Nǐ qù xuéxiào ma?
  B: Bù, wǒ qù bǔxíbān.

③ A: Gēge zài nǎr?
  B: Gēge zài wǎngbā.

11과 138쪽 · 139쪽

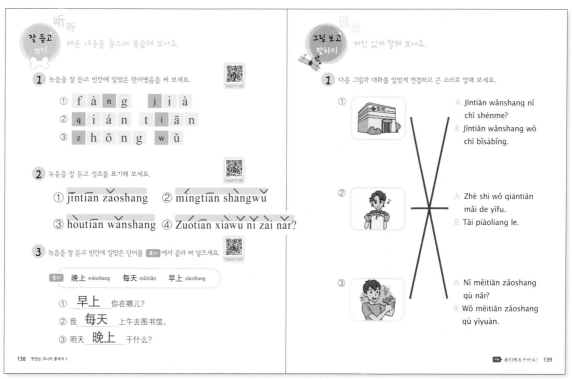

138 맛있는 주니어 중국어 1

11과 我们明天干什么? **139**

12과 148쪽 · 149쪽

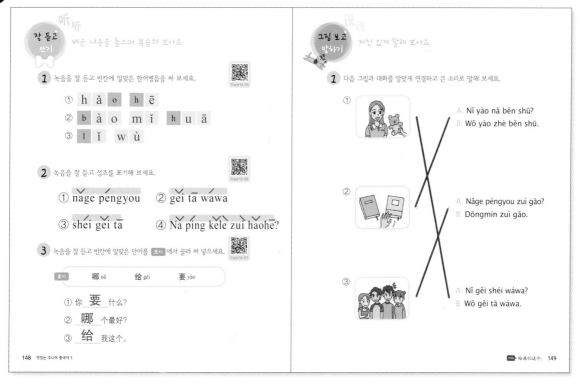

148 맛있는 주니어 중국어 1

12과 给我们这个。 **149**

정답 **161**

복습 152쪽 · 153쪽

복습
해 봐요.

9~12과를 공부하고 실력을 점검해 보세요.

1 다음 그림을 보고 빈칸에 알맞은 한어병음을 넣으세요.

① Mínhào: Nà shì shénme?
　Yún'ér: Zhè shì wǒ de jiǎnzhǐ.

② Mínhào: Dōngmín zài nǎr ?
　Yún'ér: Tā zài yùndòngchǎng .

③ Yún'ér: Míngtiān wǒmen fàng jià.
　Mínhào: Tài hǎo le .

④ fúwùyuán: Yào nǎge bàomǐhuā?
　Mínhào: Gěi wǒmen zhège.

152 맛있는 주니어 중국어 1

2 다음 문장을 읽고 알맞은 그림을 고르세요.

① A: 她在哪儿?
　B: 她在学校。

② A: 我们干什么?
　B: 我们去百货商店。

③ A: 这是什么?
　B: 这是哥哥的衣服。

④ A: 你们要什么?
　B: 给我们那本书。

9~12과 153

100만 독자의 선택

맛있는 중국어 시리즈

JRC 중국어연구소 지음 | 216쪽 | 16과 | 15,000원

216쪽 | 16과 | 15,000원

232쪽 | 14과 | 16,000원

236쪽 | 14과 | 16,000원

244쪽 | 14과 | 17,000원

220쪽 | 8과 | 17,000원

NEW 맛있는 주니어 중국어 ①

ā

á

ǎ

à

dàifu
大夫
의사

mō
摸
쓰다듬다

발음 카드 사용법

● 카드를 섞어 놓고 발음 연습을 하거나,
  여러 가지 카드를 조합하여
  발음을 연습해 보세요.

● 성조와 성모, 그리고 운모를
  그림과 함께 익힐 수 있습니다.

Track13-01

발음 카드

ā

á

ǎ

à

중국어의 ㄱ, ㄴ

우리말의 자음에 해당하는
중국어의 성모는
모두 21개랍니다.
하나하나 천천히 공부해 보아요!

b(o)

p(o)

mā

妈

엄마

발음 카드 사용법

● 카드를 섞어 놓고 발음 연습을 하거나,
여러 가지 카드를 조합하여
발음을 연습해 보세요.

● 성조와 성모, 그리고 운모를
그림과 함께 익힐 수 있습니다.

mǎ

马

말

má

麻

삼(식물)

NEW 맛있는
주니어 중국어
①

발음 카드

mà

骂

혼내다

pà

怕

무서워하다

bá yá

拔牙

이를 뽑다

m(o)

f(o)

d(e)

t(e)

n(e)

l(e)

g(e)

k(e)

dàifu

大夫

의사

mō

摸

쓰다듬다

tī

踢

차다

dìdi

弟弟

남동생

lǐ

里

안(쪽)

ní

泥

진흙

kě

渴

목마르다

gēge

哥哥

오빠, 형

h(e)

j(i)

q(i)

x(i)

zh(i)

ch(i)

sh(i)

r(i)

jī

鸡

닭

hē

喝

마시다

xǐ

洗

씻다

qī

七

7, 일곱

chē

车

자동차

zhè

这

이것

rè

热

덥다

shé

蛇

뱀

z(i)

c(i)

s(i)

운모

중국어의 ㅏ, ㅑ, ㅓ, ㅕ

우리말의 모음 또는
모음+받침에 해당해요!
가장 중요한 단운모 6개와
그 외 30개 운모를 배워 봐요!

a

o

e

i

자르는 선

cídiǎn

词典

사전

月　金
? ? ?
土　火

zì

字

글자

① 발음 카드

sì

四

4, 넷

bōluó

菠萝

파인애플

kāfēi

咖啡

커피

xīguā

西瓜

수박

kěkě

可可

코코아

u

ü

ai

ei

ao

ou

an

en

júzi

橘子

굴

pútao

葡萄

포도

gěi

给

주다

báibái

拜拜

잘 가

tǔdòu

土豆

감자

pǎo

跑

뛰다

kěndìng

肯定

긍정하다

màn

慢

느리다

ang	eng
ong	er
ia	ie
iao	iou(iu)

자르는 선

hēng

哼

'흥흥' 소리를 내다

fángjiān

房间

방

érzi

儿子

아들

nóngmín

农民

농민

qiézi

茄子

가지

jiā

家

집

xiūxi

休息

쉬다

jiào

叫

부르다

ian	iang
iong	in
ing	ua
uo	uai

qiáng

墙

벽

jiàn

见

만나다

jīntiān

今天

오늘

xióngmāo

熊猫

판다

wàzi

袜子

양말

xīngxing

星星

별

wàibian

外边

바깥

zuò

坐

앉다

uan	uang
uei(ui)	uen(un)
ueng	üe
üan	ün

shuāng

双

쌍

zhuǎn

转

(방향을) 바꾸다

zhǔnbèi

准备

준비하다

suì

岁

나이

juédìng

决定

결정하다

wèng

瓮

항아리, 독

qúnzi

裙子

치마

quántou

拳头

주먹

4과 15
Nǐ bú lèi ma?
你不累吗?
너 안 피곤해?

1과 01
Lǎoshī hǎo!
老师好!
선생님 안녕하세요!

4과 17
Tā shì lǎoshī ma?
她是老师吗?
그녀는 선생님이야?

1과 03
Míngtiān jiàn!
明天见!
내일 보자!

5과 19
Tāmen wánr bu wánr?
他们玩儿不玩儿?
저 애들은 논대 안 논대?

2과 05
Wǒ jiào Lǐ Mínhào.
我叫李民浩。
난 이민호라고 해.

5과 21
Nǐmen zhī bu zhīdao?
你们知不知道?
너희들 알아 몰라?

2과 07
Wǒ xìng Wáng, jiào Wáng Míng!
我姓王，叫王明!
난 성은 왕 씨이고, 왕밍이라고 한단다!

6과 23
Nǐ zuò shénme?
你做什么?
너 뭐 하니?

2과 09
Jiàndào nǐ hěn gāoxìng.
见到你很高兴。
만나서 정말 반갑다.

6과 25
Zuò shénme zuòyè?
做什么作业?
무슨 숙제를 하는데?

3과 11
Tā shì shéi?
他是谁?
저 애는 누구니?

6과 27
Nǐ kàn shénme diànyǐng?
你看什么电影?
너 무슨 영화 보니?

4과 13
Nǐ máng ma?
你忙吗?
너 바쁘니?

7과 29
Nǐ yǒu méiyǒu qiānbǐ?
你有没有铅笔?
너 연필 있니 없니?

4과 16	Wǒ bú lèi. 我不累。 나 안 피곤해.	* 핵심 문장 카드 활용법 1. 『NEW 맛있는 주니어 중국어 1』의 핵심 문장만 정리해 놓았습니다. 2. 중국어 문장이 익숙해지면 우리말 문장을 보고 중국어로 말해 보세요.
4과 18	Tā shì lǎoshī. 她是老师。 그녀는 선생님이야.	**1과** 02 Zàijiàn! 再见! 안녕히 계세요!
5과 20	Tāmen dōu wánr. 他们都玩儿。 저 애들도 모두 놀 거야.	**2과** 04 Nǐ jiào shénme míngzi? 你叫什么名字? 넌 이름이 뭐니?
5과 22	Wǒmen dōu zhīdao. 我们都知道。 저희는 모두 알고 있어요.	**2과** 06 Lǎoshī, nín guì xìng? 老师,您贵姓? 선생님, 성함이 어떻게 되세요?
6과 24	Wǒ zuò zuòyè. 我做作业。 나 숙제해.	**2과** 08 Rènshi nǐ hěn gāoxìng. 认识你很高兴。 너를 알게 돼서 매우 기뻐.
6과 26	Zuò Hànyǔ zuòyè. 做汉语作业。 중국어 숙제 해.	**2과** 10 Wǒ yě hěn gāoxìng. 我也很高兴。 나도 정말 반가워.
6과 28	Wǒ kàn Zhōngguó diànyǐng. 我看中国电影。 나 중국 영화 봐.	**3과** 12 Tā shì Dōngmín. 他是东民。 저 애는 동민이야.
7과 30	Wǒ yǒu. 我有。 나 있어.	**4과** 14 Wǒ hěn máng. 我很忙。 나 아주 바빠.

1
학교 가기

NEW

맛있는 주니어 중국어

Work Book

명품 주니어 중국어 프로그램

JRC 중국어연구소 기획
엄영권 지음

맛있는 books

NEW

맛있는 주니어 중국어

1
Work Book

맛있는 books

第一课

선생님 안녕하세요!

老师好!
Lǎoshī hǎo!

1 대화가 이루어질 수 있도록 연결하고, 알맞은 단어도 써 넣으세요.

① 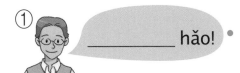 _____ hǎo! •
• _____ hǎo!

② Zàijiàn! •
• Lǎoshī hǎo!

③ Nín hǎo! •
• _____ jiàn!

2 다음 문장에서 틀린 발음을 바르게 고치세요.

Nǐn hǎo!
① 你好! ➡

Dàzā hǎo!
② 大家好! ➡

Míngtiēn giàn!
③ 明天见! ➡

Rǎosī, jàijiàn!
④ 老师，再见! ➡

3 다음 문장을 우리말 해석과 연결하세요.

① Nǐmen hǎo! •   • 선생님, 안녕히 계세요!

② Lǎoshī, zàijiàn! •   • 내일 봐!

③ Míngtiān jiàn! •   • 얘들아 안녕!

4 다음 글자들을 연결하여 단어를 완성해 보세요.

老 ·

再 ·

明 ·

大 ·

· 天 ·

· 师 ·

· 见 ·

· 家 ·

· 모두

· 또 봐

· 내일

· 선생님

5 우리말 문장을 보고 주어진 단어들을 순서에 맞춰 써 보세요.

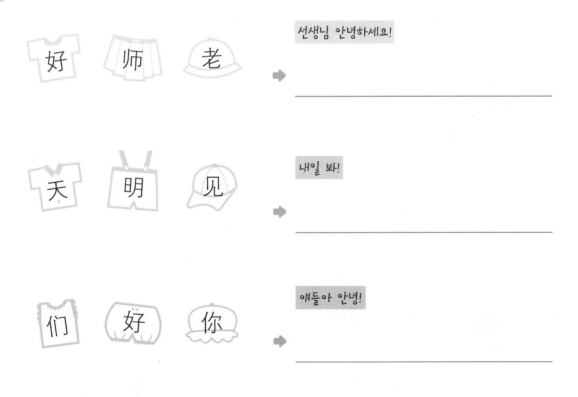

好 师 老 ➡ 선생님 안녕하세요!

_____

天 明 见 ➡ 내일 봐!

_____

们 好 你 ➡ 얘들아 안녕!

_____

6 다음 한자를 큰 소리로 읽으며 써 보세요.

师 — shī
師 스승**사**

丿 刂 圷 圷 师 师

师

见 — jiàn
見 볼**견**

丨 冂 冂 见

见

你 — nǐ
你 너**니**

丿 亻 亻 你 你 你 你

你

们 — men
們 들**문**

丿 亻 亻 们 们

们

您 — nín
您 당신**이**

丿 亻 亻 你 你 你 你 您 您 您

您

第二课

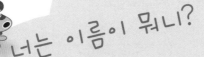

너는 이름이 뭐니?

你叫什么名字?

Nǐ jiào shénme míngzi?

1 대화가 이루어질 수 있도록 연결하고, 알맞은 단어도 써 넣으세요.

① Lǎoshī, nín guì _____?

Wǒ jiào Jīn Yǔn'ér.

② Nǐ_____ shénme míngzi?

Wǒmen yě hěn gāoxìng.

③ Rènshi nǐmen hěn _____.

Wǒ xìng Wáng, _____ Wáng Míng!

2 다음 문장에서 틀린 발음을 바르게 고치세요.

① 认识你很高兴!
→ Lènsi nǐ hěn gāosìng!

② 您贵姓?
→ Nín kuì sìng?

③ 你叫什么名字?
→ Ní zhào sénme míngzi?

④ 见到你很高兴。
→ Ziàndao nǐ hěn gāoxíng.

3 다음 문장을 우리말 해석과 연결하세요.

①  Nín guì xìng? •

② Nǐ jiào shénme míngzi? •

③ Rènshi nǐ hěn gāoxìng! •

• 너를 알게 돼서 매우 기뻐!

• 성함이 어떻게 되세요?

• 넌 이름이 뭐니?

4 다음 글자들을 연결하여 단어를 완성해 보세요.

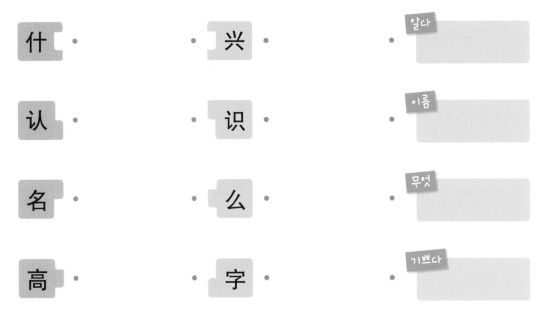

什 · · 兴 · · 알다

认 · · 识 · · 이름

名 · · 么 · · 무엇

高 · · 字 · · 기쁘다

5 우리말 문장을 보고 주어진 단어들을 순서에 맞춰 써 보세요.

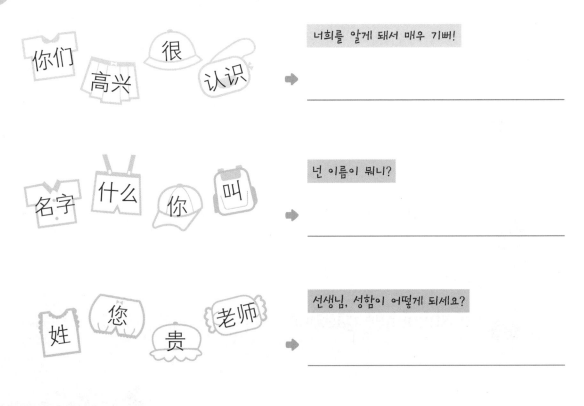

你们 高兴 很 认识 ➡ 너희를 알게 돼서 매우 기뻐!
_____

名字 什么 你 叫 ➡ 넌 이름이 뭐니?
_____

姓 您 贵 老师 ➡ 선생님, 성함이 어떻게 되세요?
_____

6 다음 한자를 큰 소리로 읽으며 써 보세요.

么 — me
麼 어조사 **마**

丿 厶 么

| 么 | | | | |

认 — rèn
認 알 **인**

丶 讠 认 认

| 认 | | | | |

识 — shí
識 알 **식**

丶 讠 讠 识 识 识 识

| 识 | | | | |

贵 — guì
貴 귀할 **귀**

丶 冂 口 中 虫 虫 虫 贵 贵

| 贵 | | | | |

兴 — xìng
興 일어날 **흥**

丶 ⺍ ⺍ ⺍ 兴 兴

| 兴 | | | | |

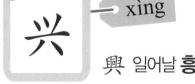

그는 누구니?

他是谁?

Tā shì shéi?

1 대화가 이루어질 수 있도록 연결하고, 알맞은 단어도 써 넣으세요.

① Nǐ shì _____ ? •

• Wǒ shì Yǔn'ér.

② Wǒ shì _____,
nǐ ne? •

• Wǒ jiào Mínhào.

③ Wǒ _____ Yǔn'ér,
_____ ? •

• Wǒ shì
_____.

2 다음 문장에서 틀린 발음을 바르게 고치세요.

Tā shǐ Hángguólén.

① 她是韩国人。　➡

Wǒ xì Jōngguólén.

② 我是中国人。　➡

Wǒmēn xì shuéshēng.

③ 我们是学生。　➡

Tāmen xì xéi?

④ 他们是谁？　➡

3 다음 문장을 우리말 해석과 연결하세요.

①  Wǒ shì Hánguórén, nǐ ne? •

• 그들은 누구니?

② Wǒmen shì xuésheng. •

• 우리는 학생입니다.

③ Tāmen shì shéi? •

• 난 한국 사람이야, 너는?

4 다음 글자들을 연결하여 단어를 완성해 보세요.

学 · · 国 · · 너는?

你 · · 生 · · 중국

他 · · 呢 · · 학생

中 · · 们 · · 그들

5 우리말 문장을 보고 주어진 단어들을 순서에 맞춰 써 보세요.

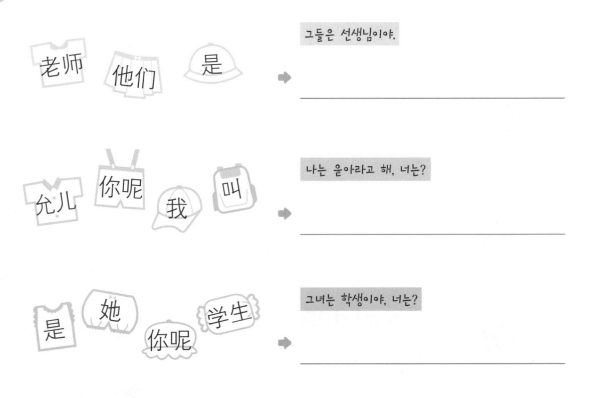

老师 他们 是

그들은 선생님이야.

➡ _____

允儿 你呢 我 叫

나는 윤아라고 해, 너는?

➡ _____

是 她 你呢 学生

그녀는 학생이야, 너는?

➡ _____

6 다음 한자를 큰 소리로 읽으며 써 보세요.

谁 → shéi
誰 누구 **수**

`	⼀	⼁	讠	计	计	讠	诈	谁	谁

谁				

儿 → ér
兒 아이 **아**

ノ	儿								

儿				

韩 → Hán
韓 나라 **한**

一	十	十	古	古	古	直	卓	卓	乾	乾	韩

韩				

国 → guó
國 나라 **국**

丨	冂	冂	月	用	国	国	国		

国				

学 → xué
學 배울 **학**

`	⼂	⼃	⺍	兴	学	学	学		

学				

너 바쁘니?

你忙吗?

Nǐ máng ma?

1 대화가 이루어질 수 있도록 연결하고, 알맞은 단어도 써 넣으세요.

① Nǐ máng____? •

• Wǒ hěn____.

② Nǐ____è ma? •

• Wǒ hěn_____.

③ Nǐ_____ xuésheng ma? •

• Wǒ bú shì xuésheng.

2 다음 문장에서 틀린 발음을 바르게 고치세요.

Nǐ kāosìng mā?

① 你高兴吗? ➡

Wǒ bú cě.

② 我不渴。 ➡

Tā bù fàng. ➡

③ 她不胖。 ➡

Tā sì shuéshēng mā?

④ 他是学生吗? ➡

3 다음 문장을 우리말 해석과 연결하세요.

① Tā shì lǎoshī ma? •   • 너 기쁘니?

② Nǐ gāoxìng ma? •   • 그는 학생이 아니에요.

③ Tā bú shì xuésheng. •   • 그녀는 선생님입니까?

4 다음 단어에 맞는 한어병음과 뜻을 연결하고 각각 써 보세요.

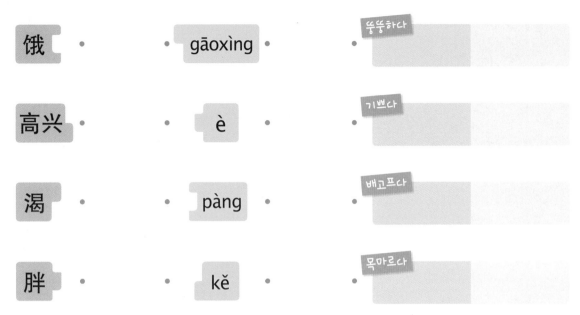

餓 • • gāoxìng • • 뚱뚱하다

高兴 • • è • • 기쁘다

渴 • • pàng • • 배고프다

胖 • • kě • • 목마르다

5 우리말 문장을 보고 주어진 단어들을 순서에 맞춰 써 보세요.

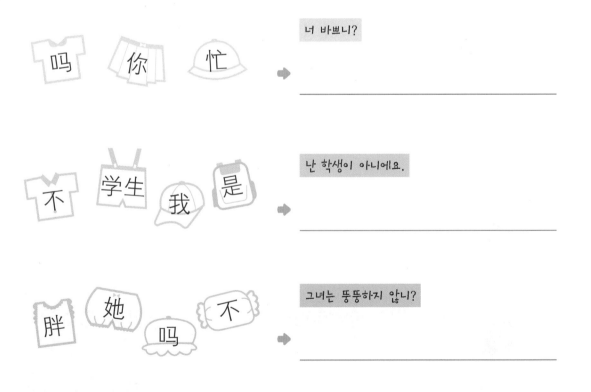

吗 你 忙 ➡ 너 바쁘니?

_____

不 学生 我 是 ➡ 난 학생이 아니에요.

_____

胖 她 吗 不 ➡ 그녀는 뚱뚱하지 않니?

_____

6 다음 한자를 큰 소리로 읽으며 써 보세요.

	ma
吗	嗎 의문조사 **마**

丨 口 口 叮 吗 吗

吗

	è
饿	餓 굶주릴 **아**

丿 勹 勹 勹 勹 饣 饣 饿 饿 饿

饿

	pàng
胖	胖 살찔 **반**

丿 几 月 月 月 胖 胖 胖 胖

胖

	lèi
累	累 포갤 **루**

丨 口 曰 田 田 里 里 累 累 累

累

	kě
渴	渴 목마를 **갈**

丶 丶 氵 氵 沪 沪 泻 渴 渴 渴 渴

渴

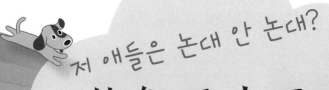

저 애들은 논대 안 논대?

他们玩儿不玩儿?

Tāmen wánr bu wánr?

1 그림을 보고 질문에 맞는 대답을 연결하세요.

① Nǐmen zhī bu zhīdao? ·

· Wǒmen dōu zhīdao.

② Tā gāo bu gāo? ·

· Wǒmen dōu mǎi.

③ Nǐmen mǎi bu mǎi? ·

· Tā bù gāo.

2 다음 문장에서 틀린 발음을 바르게 고치세요.

Tāman wál bù wál?

① 他们玩儿不玩儿？ ➡

Wǒman bú mài.

② 我们不买。 ➡

Wǒman dǒu zīdáo.

③ 我们都知道。 ➡

Tāman lài bú lài?

④ 他们来不来？ ➡

3 다음 문장을 우리말 해석과 연결하세요.

①
Wǒmen dōu bú è. ·

· 그들은 모두 놀 거야.

②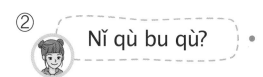
Nǐ qù bu qù? ·

· 우리는 모두 배 안 고파.

③
Tāmen dōu wánr. ·

· 넌 갈 거야 안 갈 거야?

4 다음 단어에 맞는 한어병음과 뜻을 연결하고 각각 써 보세요.

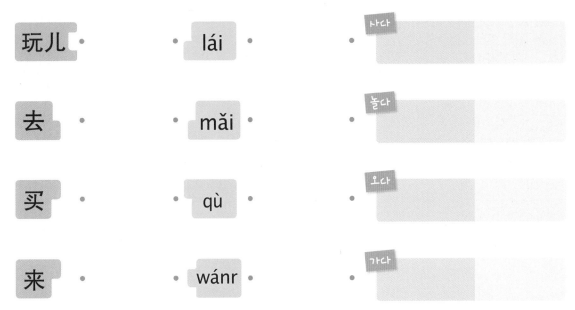

玩儿 · · lái · · 사다

去 · · mǎi · · 놀다

买 · · qù · · 오다

来 · · wánr · · 가다

5 우리말 문장을 보고 주어진 단어들을 순서에 맞춰 써 보세요.

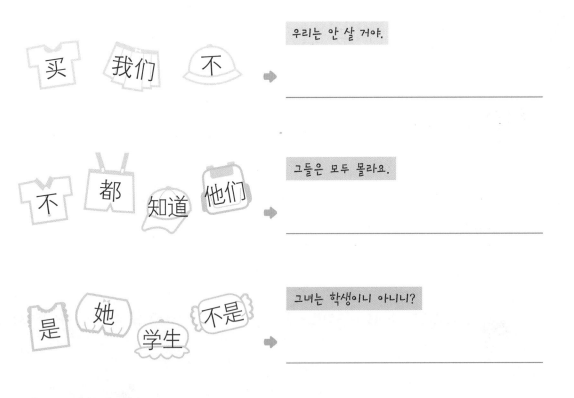

买　我们　不

우리는 안 살 거야.

_____

不　都　知道　他们

그들은 모두 몰라요.

_____

是　她　学生　不是

그녀는 학생이니 아니니?

_____

6 다음 한자를 큰 소리로 읽으며 써 보세요.

玩	wán
玩 놀**완**	

一 二 干 王 王 王 玗 玩 玩

玩

都	dōu
都 도읍**도**	

一 十 土 耂 耂 者 者 者 都 都

都

买	mǎi
買 살**매**	

一 丆 丆 丆 买 买

买

来	lái
來 올**래**	

一 一 一 一 平 来 来

来

去	qù
去 갈**거**	

一 十 土 去 去

去

너 뭐 하니?

你做什么?

Nǐ zuò shénme?

1 대화가 이루어질 수 있도록 연결하고, 알맞은 단어도 써 넣으세요.

① Nǐ zuò shénme? •   • Wǒ chī _____.

② Nǐ chī shénme? •   • Wǒ mǎi _____.

③ Nǐ mǎi shénme yīfu? •   • Wǒ _____ zuòyè.

2 다음 문장에서 틀린 발음을 바르게 고치세요.

Wǒ sué Hánǔ.

① 我学汉语。 ➡

Tā wál diǎnnào.

② 他玩儿电脑。 ➡

Wǒ cán Jōngguó diǎnìng.

③ 我看中国电影。 ➡

Tā mài sénme yìfú?

④ 她买什么衣服？ ➡

3 다음 문장을 우리말 해석과 연결하세요.

① Nǐ kàn shénme diànyǐng? •

• 난 한국 노래 들어.

② Wǒ tīng Hánguó gē. •

• 그녀는 컴퓨터를 해.

③ Tā wánr diànnǎo. •

• 너 무슨 영화 보니?

4 다음 단어에 맞는 한어병음과 뜻을 연결하고 각각 써 보세요.

歌	·	·	gē	·	·	컴퓨터
电脑	·	·	yīfu	·	·	영화
电影	·	·	diànnǎo	·	·	옷
衣服	·	·	diànyǐng	·	·	노래

5 우리말 문장을 보고 주어진 단어들을 순서에 맞춰 써 보세요.

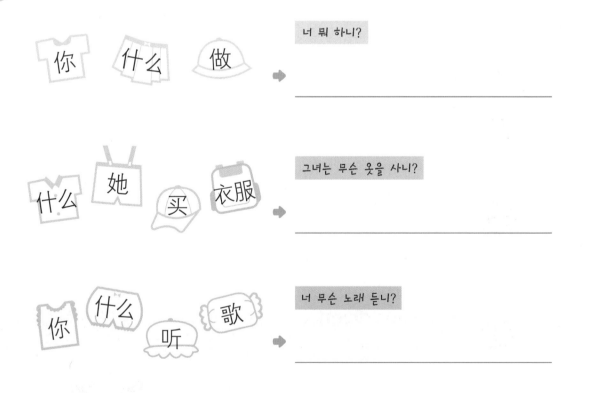

你　什么　做

너 뭐 하니?

_____

什么　她　买　衣服

그녀는 무슨 옷을 사니?

_____

你　什么　听　歌

너 무슨 노래 듣니?

_____

6 다음 한자를 큰 소리로 읽으며 써 보세요.

饼 bǐng
餠 떡 **병**
丿 𠂊 饣 饣 饣 饣 饣 饼 饼
饼

电 diàn
電 번개 **전**
丨 冂 曰 曰 电
电

脑 nǎo
腦 머리 **뇌**
丿 刀 月 月 月 肚 肞 胶 脑 脑
脑

影 yǐng
影 그림자 **영**
丨 口 日 日 旦 早 早 昌 昌 景 景 景 景 影 影
影

听 tīng
聽 들을 **청**
丨 口 口 口 叮 叮 听
听

第七课

너 연필 있어 없어?

你有没有铅笔?

Nǐ yǒu méiyǒu qiānbǐ?

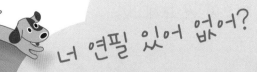

1 질문에 맞는 대답을 연결한 후, 그림을 보고 빈칸을 채워 보세요.

① Nǐ yǒu méiyǒu shǒujī?　·

· Wǒ yǒu _____ shū.

② Nǐ yǒu____ běn shū?　·

· Wǒ yǒu _____ qiānbǐ.

③ Nǐ yǒu jǐ____ qiānbǐ?　·

· Wǒ____ shǒujī.

2 빈칸에 한자 또는 한어병음을 채워 보세요.

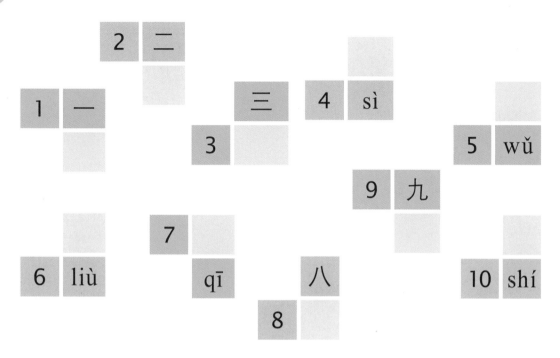

3 다음 문장을 우리말 해석과 연결하세요.

① Nǐ yǒu méiyǒu nǚ péngyou?

그는 밥 두 그릇을 먹어.

② Tā chī liǎng wǎn fàn.

너 여자 친구 있어 없어?

③ Nǐ mǎi jǐ jiàn yīfu?

너 옷 몇 벌 사?

4 다음 단어에 맞는 한어병음과 뜻을 연결하고 각각 써 보세요.

碗 ·   · zhī ·   · 그릇(밥)

件 ·   · běn ·   · 권(책)

本 ·   · jiàn ·   · 자루(연필)

支 ·   · wǎn ·   · 벌(옷)

5 우리말 문장을 보고 주어진 단어들을 순서에 맞춰 써 보세요.

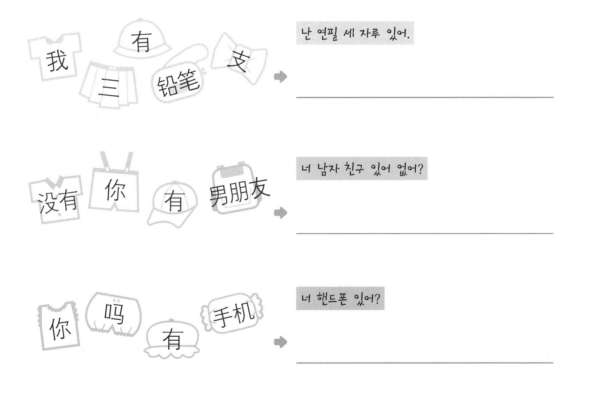

我 有 支 三 铅笔   난 연필 세 자루 있어.
➡ _____

没有 你 有 男朋友   너 남자 친구 있어 없어?
➡ _____

你 吗 手机 有   너 핸드폰 있어?
➡ _____

6 다음 한자를 큰 소리로 읽으며 써 보세요.

铅 — qiān
鉛 납 **연**

ノ ゲ ゲ ゲ 钅 钌 钌 铅 铅			
铅			

几 — jǐ
幾 몇 **기**

ノ 几			
几			

机 — jī
機 기계 **기**

一 十 才 木 机 机			
机			

饭 — fàn
飯 밥 **반**

ノ ゲ 饣 饣 饭 饭 饭			
饭			

书 — shū
書 책 **서**

フ ヲ 书 书			
书			

第八课

너희 집은 몇 식구가 있니?

你家有几口人?

Nǐ jiā yǒu jǐ kǒu rén?

1 질문에 맞는 대답을 연결한 후, 그림을 보고 빈칸을 채워 보세요.

① Nǐ jiā yǒu jǐ kǒu rén? •

• Wǒ yǒu
_____.

② Nǐ yǒu jǐ ge gēge? •

• Wǒ mǎi _____
_____
_____.

③ Nǐ mǎi shénme? •

• Wǒ jiā yǒu
_____.

2 다음 문장에서 어색한 부분을 바르게 고치세요.

① 我家有五位人。 우리 집은 다섯 식구가 있어요.

➡

② 我有二个哥哥。 나는 형이 두 명 있어요.

➡

③ 你们学校有几口老师? 너희 학교에는 선생님이 몇 분 계시니?

➡

④ 有爸爸和妈妈和姐姐和我。 아빠, 엄마, 언니 그리고 제가 있어요.

➡

3 다음 문장을 우리말 해석과 연결하세요.

①  Nǐ jiā dōu yǒu shéi? •

• 너는 형이 몇 명 있어?

② Nǐ yǒu jǐ ge gēge? •

• 그녀는 중국어와 영어를 배워.

③  Tā xué Hànyǔ hé Yīngyǔ. •

• 너희 집에 모두 누가 계시니?

4 다음 단어에 맞는 한어병음과 뜻을 연결하고 각각 써 보세요.

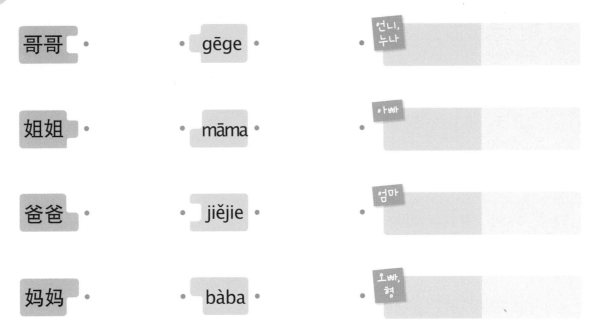

哥哥 · · gēge · · 언니, 누나

姐姐 · · māma · · 아빠

爸爸 · · jiějie · · 엄마

妈妈 · · bàba · · 오빠, 형

5 우리말 문장을 보고 주어진 단어들을 순서에 맞춰 써 보세요.

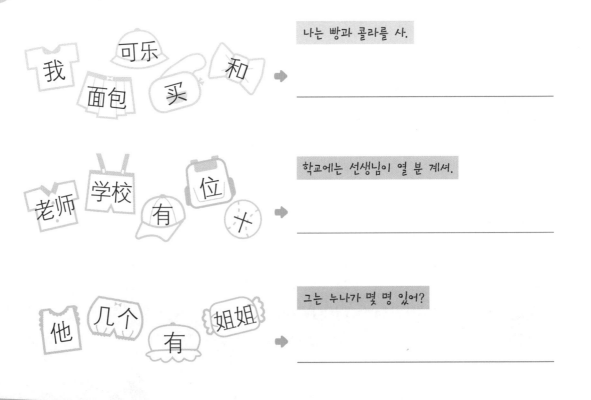

我 可乐 和 面包 买

나는 빵과 콜라를 사.

_____

老师 学校 位 有 个

학교에는 선생님이 열 분 계셔.

_____

他 几个 有 姐姐

그는 누나가 몇 명 있어?

_____

6 다음 한자를 큰 소리로 읽으며 써 보세요.

妈 — mā

媽 어미 **마**

ㄴ ㄴ ㄴ ㄴ 妈 妈				
妈				

面 — miàn

麵 밀가루 **면**

一 ㄱ ㄱ ㄱ 而 而 而 面 面				
面				

乐 — lè

樂 기쁠 **락**

一 ㄷ 乐 乐 乐				
乐				

汉 — Hàn

漢 한나라 **한**

丶 丶 氵 氵 汉 汉				
汉				

语 — yǔ

語 말씀 **어**

丶 讠 讠 讠 语 语 语 语 语				
语				

第九课

그건 뭐야?

那是什么?
Nà shì shénme?

1 다음 그림을 보고 질문에 맞는 대답을 연결하세요.

① Nà shì shénme? •

• Zhè shì wǒ de.

② Zhè shì shéi de diànnǎo? •

• Zhège hěn hǎochī.

③ Zhège hǎochī ma? •

• Nà shì wáwa.

2 우리말 해석을 보고 빈칸에 알맞은 한자를 써 보세요.

① ☐ 是什么? ➡ 이건 뭐야?

② ☐☐ 很好吃。 ➡ 그거 아주 맛있어.

③ 你 ☐ 衣服很漂亮。 ➡ 네 옷 아주 예쁘다.

④ ☐ 是很贵 ☐。 ➡ 이거 아주 비싼 거야.

3 다음 문장을 우리말 해석과 연결하세요.

① Nǐ mǎi bu mǎi zhè běn shū?

• 이 인형 아주 예쁘다.

② Nà shì shéi zuò de cài?

• 너 이 책 살래 안 살래?

③ Zhège wáwa hěn piàoliang.

• 그건 누가 만든 요리야?

4 뜻이 통하도록 글자를 연결하고 빈칸에 한자와 발음을 직접 써 보세요.

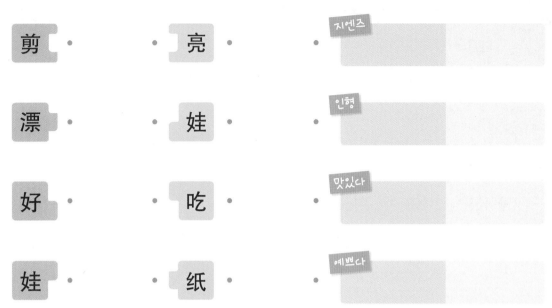

剪 · · 亮 · · 지엔즈

漂 · · 娃 · · 인형

好 · · 吃 · · 맛있다

娃 · · 纸 · · 예쁘다

5 우리말 문장을 보고 주어진 단어들을 순서에 맞춰 써 보세요.

那 做 是 的 妈妈   그건 엄마가 만드신 거야.

➡ _____

这 好吃 个 吗   이거 맛있어?

➡ _____

我 这 是 的   이건 내 거야.

➡ _____

6 다음 한자를 큰 소리로 읽으며 써 보세요.

这 zhè 這 이 **저**	丶 亠 亠 文 文 这 这

这

那 nà 那 어찌 **나**	丁 丑 尹 月 那 那

那

剪 jiǎn 剪 자를 **전**	丶 丷 丷 芦 芦 苩 前 前 剪 剪

剪

纸 zhǐ 紙 종이 **지**	乙 纟 纟 纟 红 纤 纸

纸

好 hǎo 好 좋을 **호**	乚 夊 女 女 好 好

好

第十课

동민이 어디에 있니?

东民在哪儿?

Dōngmín zài nǎr?

1 질문에 맞는 대답을 연결한 후, 그림을 보고 빈칸을 채워 보세요.

① Nǐ qù nǎr? •

• Gēge zài _____.

② Tā zài shāngdiàn ma? •

• Wǒ qù _____.

③ Gēge zài nǎr? •

• Bù, tā zài _____.

2 우리말 해석을 보고 빈칸에 알맞은 한자를 써 보세요.

① 你 ☐ 学校吗? ➡ 너 학교에 가니?

② 她 ☐ 饭馆儿。 ➡ 그녀는 식당에 있어.

③ 爷爷在 ☐ ☐ ? ➡ 할아버지는 어디에 계시니?

④ 妈妈 ☐ ☐ 医院。 ➡ 엄마는 병원에 안 계세요.

3 다음 문장을 우리말 해석과 연결하세요.

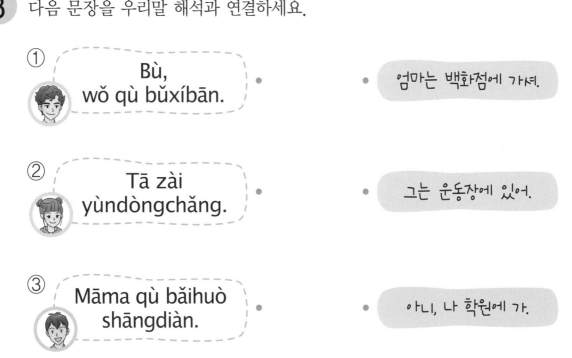

①
Bù,
wǒ qù bǔxíbān.

· · 엄마는 백화점에 가셔.

②
Tā zài
yùndòngchǎng.

· · 그는 운동장에 있어.

③
Māma qù bǎihuò
shāngdiàn.

· · 아니, 나 학원에 가.

4 뜻이 통하도록 글자를 연결하고 빈칸에 한자와 발음을 직접 써 보세요.

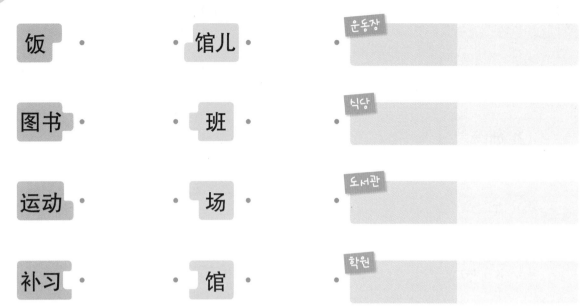

饭 · · 馆儿 · · 운동장 _____

图书 · · 班 · · 식당 _____

运动 · · 场 · · 도서관 _____

补习 · · 馆 · · 학원 _____

5 우리말 문장을 보고 주어진 단어들을 순서에 맞춰 써 보세요.

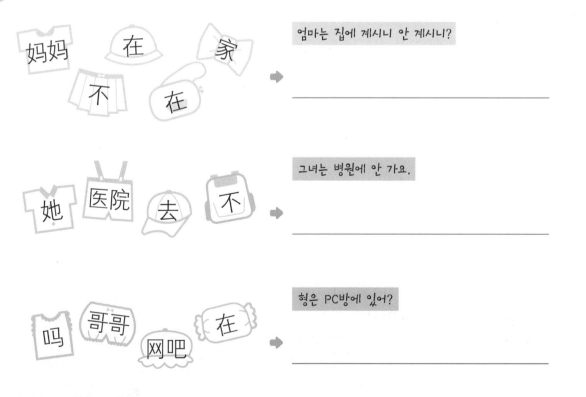

妈妈　在　家　不　在

엄마는 집에 계시니 안 계시니?

➡ _____

她　医院　去　不

그녀는 병원에 안 가요.

➡ _____

吗　哥哥　网吧　在

형은 PC방에 있어?

➡ _____

6 다음 한자를 큰 소리로 읽으며 써 보세요.

图 tú
圖 그림 **도**

丨 冂 冂 図 図 図 图 图			
图			

馆 guǎn
館 집 **관**

丿 ⺈ ⻄ ⻗ ⻗ 饣 饣 饣 馆 馆			
馆			

运 yùn
運 옮길 **운**

一 二 于 云 运 运 运			
运			

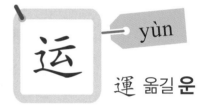
动 dòng
動 움직일 **동**

一 二 于 云 动 动			
动			

场 chǎng
場 장소 **장**

一 十 土 圬 场 场			
场			

第十一课

우리 내일 뭐 하지?

我们明天干什么?
Wǒmen míngtiān gàn shénme?

1 질문에 맞는 대답을 연결한 후, 그림을 보고 빈칸을 채워 보세요.

① Nǐmen míngtiān gàn shénme?

Jīntiān wǒ _____.

② Wǎnshang qù nǎr?

Wǎnshang _____.

③ Jīntiān nǐ chī shénme?

Wǒmen _____ Àibǎo Lèyuán.

2 우리말 해석을 보고 빈칸에 알맞은 한자를 써 보세요.

① 我们 ☐ ☐ 干什么?   ➡ 내일 우리 뭐 하지?

② ☐ ☐ 我在家。   ➡ 어제 나 집에 있었어.

③ ☐ ☐ 你吃什么?   ➡ 오늘 너 뭐 먹을 거야?

④ 你 ☐ ☐ ☐ ☐ 去哪儿?   ➡ 너 내일 오후에 어디 가니?

3 다음 문장을 우리말 해석과 연결하세요.

①
Nǐ měitiān
zǎoshang qù nǎr?   •

• 너 매일 아침마다 어디 가니?

②
Zhè shì wǒ qiántiān
mǎi de yīfu.   •

• 그녀는 모레 오전에 한국에 와요.

③
Tā hòutiān shàngwǔ
lái Hánguó.   •

• 이건 내가 그저께 산 옷이야.

4 뜻이 통하도록 글자를 연결하고 빈칸에 한자와 발음을 직접 써 보세요.

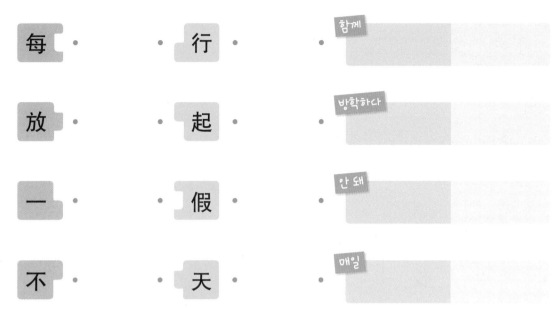

每	·	·	行	·	·	함께	
放	·	·	起	·	·	방학하다	
一	·	·	假	·	·	안 돼	
不	·	·	天	·	·	매일	

5 우리말 문장을 보고 주어진 단어들을 순서에 맞춰 써 보세요.

每天 你 晚上 干 什么 → 너 매일 저녁마다 뭐 하니?

_____

是 这 的 买 昨天 → 이건 어제 산 거예요.

_____

比萨饼 了 太 贵 → 피자는 너무 비싸.

_____

6 다음 한자를 큰 소리로 읽으며 써 보세요.

医 — yī

醫 의원 **의**

一 丆 丆 丆 至 丢 医

医

货 — huò

貨 재화 **화**

丿 亻 亻 化 化 伫 货 货

货

爱 — ài

愛 사랑 **애**

丶 丷 ㅆ 爫 爫 严 严 䍩 爱 爱

爱

宝 — bǎo

寶 보배 **보**

丶 宀 宀 宀 宀 宇 宝 宝

宝

园 — yuán

園 동산 **원**

丨 冂 冂 月 月 园 园

园

第十二课

이거 주세요.

给我们这个。

Gěi wǒmen zhège.

---

1 질문에 맞는 대답을 연결한 후, 그림을 보고 빈칸을 채워 보세요.

① Nǎ píng kělè zuì hǎohē?

Wǒ gěi tā _____.

② Nǐ yào shénme?

_____ zuì hǎohē.

③ Nǐ gěi tā shénme?

Wǒ ____ _____.

2 우리말 해석을 보고 빈칸에 알맞은 한자를 써 보세요.

① 我 ☐ 这本书。 ➡ 저는 이 책을 원해요.

② ☐ 个朋友最高? ➡ 어떤 친구가 제일 키가 크니?

③ 朋友 ☐ 我礼物。 ➡ 친구가 저에게 선물을 줘요.

④ 我 ☐ ☐ 你面包。 ➡ 나 너한테 빵 안 줄 거야.

3 다음 문장을 우리말 해석과 연결하세요.

① Yào nǎge bàomǐhuā? ・ ・ 누가 너에게 선물을 주니?

② Nǐ gěi bu gěi wǒ miànbāo? ・ ・ 너 나한테 빵 줄래 안 줄래?

③ Shéi gěi nǐ lǐwù? ・ ・ 어느 팝콘을 원하세요?

4 뜻이 통하도록 글자를 연결하고 빈칸에 한자와 발음을 직접 써 보세요.

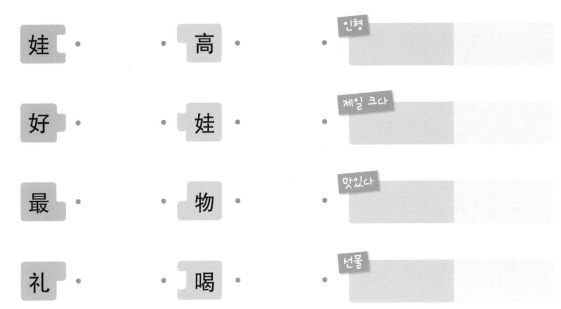

娃 · · 高 · · 인형 _____

好 · · 娃 · · 제일 크다 _____

最 · · 物 · · 맛있다 _____

礼 · · 喝 · · 선물 _____

5 우리말 문장을 보고 주어진 단어들을 순서에 맞춰 써 보세요.

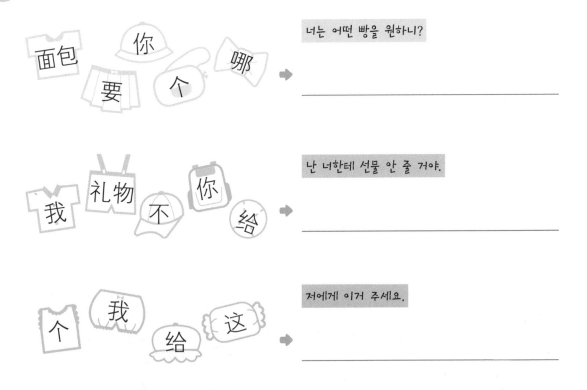

面包 你 哪 要 个

너는 어떤 빵을 원하니?

_____

我 礼物 不 你 给

난 너한테 선물 안 줄 거야.

_____

个 我 给 这

저에게 이거 주세요.

_____

6 다음 한자를 큰 소리로 읽으며 써 보세요.

后 hòu
後 뒤 **후**

㇒ 厂 𠂆 斤 后 后

后

礼 lǐ
禮 예의 **예**

丶 ㇇ 礻 礻 礼

礼

杯 bēi
杯 잔 **배**

一 十 才 木 木 杉 杯 杯

杯

个 ge
個 낱 **개**

丿 人 个

个

给 gěi
給 줄 **급**

㇜ 纟 纟 纟 纷 纷 纷 给 给

给

정답

NEW 맛있는
주니어 중국어
①

1과 4쪽 · 5쪽 · 6쪽

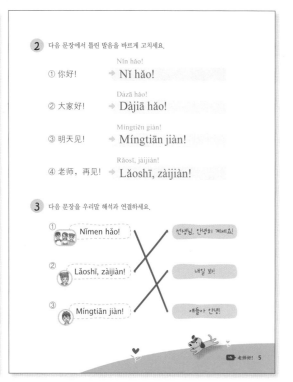

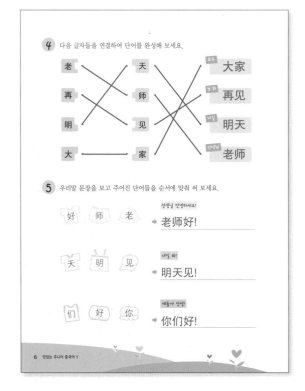

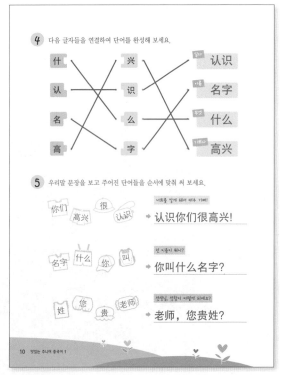

3과 12쪽 · 13쪽 · 14쪽

第三课 그는 누구니?
他是谁?
Tā shì shéi?

1 대화가 이루어질 수 있도록 연결하고, 알맞은 단어도 써 넣으세요.

① Nǐ shì shéi? ——— Wǒ shì Yǔn'ér.

② Wǒ shì Hánguórén, nǐ ne? Wǒ jiào Mínhào.

③ Wǒ jiào Yǔn'ér, nǐ ne? Wǒ shì Zhōngguórén.

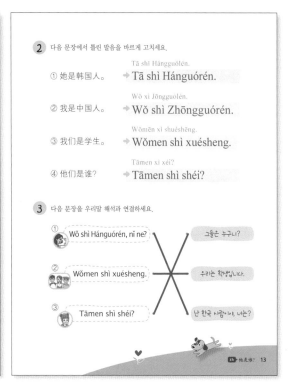

2 다음 문장에서 틀린 발음을 바르게 고치세요.

① 她是韩国人。 ➡ Tā shì Hánguórén.

② 我是中国人。 ➡ Wǒ shì Zhōngguórén.

③ 我们是学生。 ➡ Wǒmen shì xuésheng.

④ 他们是谁? ➡ Tāmen shì shéi?

3 다음 문장을 우리말 해석과 연결하세요.

① Wǒ shì Hánguórén, nǐ ne? 그들은 누구니?

② Wǒmen shì xuésheng. 우리는 학생입니다.

③ Tāmen shì shéi? 난 한국 사람이야, 너는?

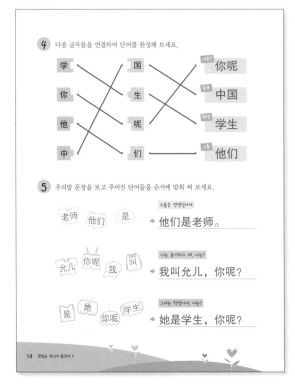

4 다음 글자들을 연결하여 단어를 완성해 보세요.

学 — 国 你呢 너는?
你 — 生 中国 중국
他 — 呢 学生 학생
中 — 们 他们 그들

5 우리말 문장을 보고 주어진 단어들을 순서에 맞춰 써 보세요.

老师 他们 是 그들은 선생님이야.
➡ 他们是老师。

允儿 你呢 我 叫 나는 윤아라고 해, 너는?
➡ 我叫允儿, 你呢?

是 她 你呢 学生 그녀는 학생이야, 너는?
➡ 她是学生, 你呢?

第四课

너 바쁘니?

你忙吗?

Nǐ máng ma?

1 대화가 이루어질 수 있도록 연결하고, 알맞은 단어도 써 넣으세요.

① Nǐ máng ma ?
Wǒ hěn è .

② Nǐ bú è ma ?
Wǒ hěn máng .

③ Nǐ shì xuésheng ma ?
Wǒ bú shì xuésheng.

2 다음 문장에서 틀린 발음을 바르게 고치세요.

① 你高兴吗?
Nǐ kāosing mā?
➡ Nǐ gāoxìng ma?

② 我不渴。
Wǒ bú cě.
➡ Wǒ bù kě.

③ 她不胖。
Tā bù fàng.
➡ Tā bú pàng.

④ 他是学生吗?
Tā sì shuéshēng mā?
➡ Tā shì xuésheng ma?

3 다음 문장을 우리말 해석과 연결하세요.

① Tā shì lǎoshī ma?
너 기쁘니?

② Nǐ gāoxing ma?
그는 학생이 아니에요.

③ Tā bú shì xuésheng.
그녀는 선생님입니까?

4 다음 단어에 맞는 한어병음과 뜻을 연결하고 각각 써 보세요.

饿   gāoxing   胖 pàng

高兴   è   高兴 gāoxing

渴   pàng   饿 è

胖   kě   渴 kě

5 우리말 문장을 보고 주어진 단어들을 순서에 맞춰 써 보세요.

吗 你 忙
너 바쁘니?
➡ 你忙吗?

不 学生 我 是
난 학생이 아니에요.
➡ 我不是学生。

胖 她 吗 不
그녀는 뚱뚱하지 않니?
➡ 她不胖吗?

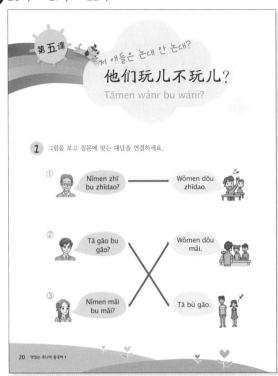

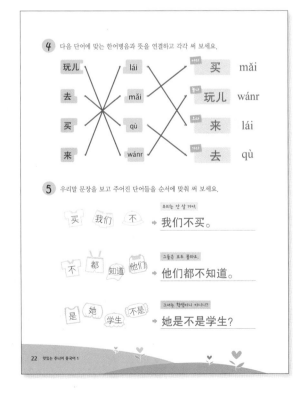

6과 24쪽 · 25쪽 · 26쪽

第六课

너 뭐 하니?
你做什么?
Nǐ zuò shénme?

1 대화가 이루어질 수 있도록 연결하고, 알맞은 단어도 써 넣으세요.

① Nǐ zuò shénme? — Wǒ chī bǐsàbǐng.

② Nǐ chī shénme? — Wǒ mǎi liányīqún.

③ Nǐ mǎi shénme yīfu? — Wǒ zuò zuòyè.

2 다음 문장에서 틀린 발음을 바르게 고치세요.

① 我学汉语。 → Wǒ sué Hánǔ. → **Wǒ xué Hànyǔ.**

② 他玩儿电脑。 → Tā wál diànnào. → **Tā wánr diànnǎo.**

③ 我看中国电影。 → Wǒ cán Jōngguó diàng. → **Wǒ kàn Zhōngguó diànyǐng.**

④ 她买什么衣服? → Tā mǎi sénme yīfú? → **Tā mǎi shénme yīfu?**

3 다음 문장을 우리말 해석과 연결하세요.

① Nǐ kàn shénme diànyǐng? — 난 한국 노래 들어.

② Wǒ tīng Hánguó gē. — 그녀는 컴퓨터를 해.

③ Tā wánr diànnǎo. — 너 무슨 영화 보니?

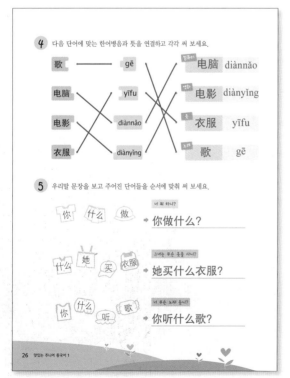

4 다음 단어에 맞는 한어병음과 뜻을 연결하고 각각 써 보세요.

歌 — gē
电脑 — yīfu
电影 — diànnǎo
衣服 — diànyǐng

컴퓨터 电脑 diànnǎo
영화 电影 diànyǐng
옷 衣服 yīfu
노래 歌 gē

5 우리말 문장을 보고 주어진 단어들을 순서에 맞춰 써 보세요.

你 什么 做
너 뭐 하니?
→ **你做什么?**

什么 她 买 衣服
그녀는 무슨 옷을 사니?
→ **她买什么衣服?**

你 什么 听 歌
너 무슨 노래 듣니?
→ **你听什么歌?**

7과 28쪽 · 29쪽 · 30쪽

第七课 너 연필 있어 없어?

你有没有铅笔?

Nǐ yǒu méiyǒu qiānbǐ?

1 질문에 맞는 대답을 연결한 후, 그림을 보고 빈칸을 채워 보세요.

① Nǐ yǒu méiyǒu shǒujī?

② Nǐ yǒu jǐ běn shū?

③ Nǐ yǒu jǐ zhī qiānbǐ?

Wǒ yǒu <u>sān běn</u> shū.

Wǒ yǒu <u>liǎng zhī</u> qiānbǐ.

Wǒ <u>yǒu</u> shǒujī.

2 빈칸에 한자 또는 한어병음을 채워 보세요.

1 一 yī	2 二 èr		四 sì	
		3 三 sān	4 sì	五 wǔ
				5 五 wǔ
6 六 liù	7 七 qī		9 九 jiǔ	十 shí
	8 八 bā			10 十 shí

3 다음 문장을 우리말 해석과 연결하세요.

① Nǐ yǒu méiyǒu nǚ péngyou?

② Tā chī liǎng wǎn fàn.

③ Nǐ mǎi jǐ jiàn yīfu?

그는 밥 두 그릇을 먹어.

너 여자 친구 있어 없어?

너 옷 몇 벌 사?

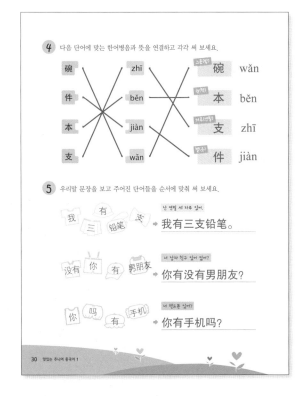

4 다음 단어에 맞는 한어병음과 뜻을 연결하고 각각 써 보세요.

碗	zhī	그릇(양) 碗 wǎn
件	běn	권(양) 本 běn
本	jiàn	자루(연필) 支 zhī
支	wǎn	벌(옷) 件 jiàn

5 우리말 문장을 보고 주어진 단어들을 순서에 맞춰 써 보세요.

난 연필 세 자루 있어.
我 有 三 铅笔 支 ➡ 我有三支铅笔。

너 남자 친구 있어 없어?
没有 你 有 男朋友 ➡ 你有没有男朋友?

너 핸드폰 있어?
你 吗 有 手机 ➡ 你有手机吗?

8과 32쪽 · 33쪽 · 34쪽

第八课

너희 집은 몇 식구가 있니?

你家有几口人?

Nǐ jiā yǒu jǐ kǒu rén?

1 질문에 맞는 대답을 연결한 후, 그림을 보고 빈칸을 채워 보세요.

① Nǐ jiā yǒu jǐ kǒu rén? — Wǒ yǒu liǎng ge gēge.

② Nǐ yǒu jǐ ge gēge? — Wǒ mǎi miànbāo, qiǎokèlì hé kělè.

③ Nǐ mǎi shénme? — Wǒ jiā yǒu sì kǒu rén.

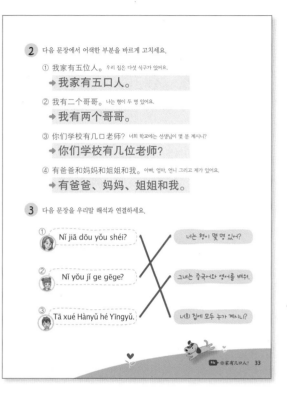

2 다음 문장에서 어색한 부분을 바르게 고치세요.

① 我家有五位人。 우리 집은 다섯 식구가 있어요.

➡ 我家有五口人。

② 我有二个哥哥。 나는 형이 두 명 있어요.

➡ 我有两个哥哥。

③ 你们学校有几口老师? 너희 학교에는 선생님이 몇 분 계시니?

➡ 你们学校有几位老师?

④ 有爸爸和妈妈和姐姐和我。 아빠, 엄마, 언니 그리고 제가 있어요.

➡ 有爸爸、妈妈、姐姐和我。

3 다음 문장을 우리말 해석과 연결하세요.

① Nǐ jiā dōu yǒu shéi? — 너는 형이 몇 명 있어?

② Nǐ yǒu jǐ ge gēge? — 그녀는 중국어와 영어를 배워.

③ Tā xué Hànyǔ hé Yīngyǔ. — 너희 집에 모두 누가 계시니?

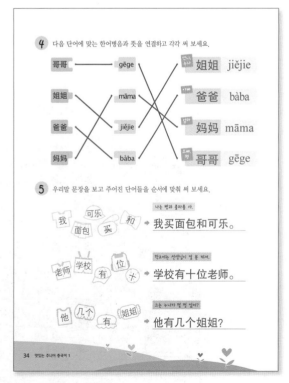

4 다음 단어에 맞는 한어병음과 뜻을 연결하고 각각 써 보세요.

哥哥 — gēge — 언니, 누나 姐姐 jiějie

姐姐 — māma — 아빠 爸爸 bàba

爸爸 — jiějie — 엄마 妈妈 māma

妈妈 — bàba — 오빠, 형 哥哥 gēge

5 우리말 문장을 보고 주어진 단어들을 순서에 맞춰 써 보세요.

나는 빵과 콜라를 사.
我 可乐 和 面包 买 ➡ 我买面包和可乐。

학교에는 선생님이 열 분 계셔.
老师 学校 位 有 十 ➡ 学校有十位老师。

그는 누나가 몇 명 있어?
他 几个 有 姐姐 ➡ 他有几个姐姐?

9과 36쪽 · 37쪽 · 38쪽

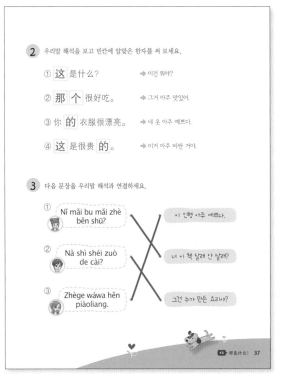

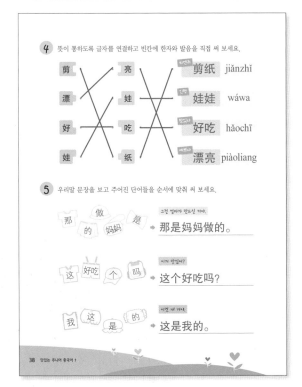

10과 40쪽 · 41쪽 · 42쪽

第十课

동민이 어디에 있니?

东民在哪儿?

Dōngmín zài nǎr?

1 질문에 맞는 대답을 연결한 후, 그림을 보고 빈칸을 채워 보세요.

① Nǐ qù nǎr?

Gēge zài yīyuàn .

② Tā zài shāngdiàn ma?

Wǒ qù xuéxiào .

③ Gēge zài nǎr?

Bù, tā zài fànguǎnr .

2 우리말 해석을 보고 빈칸에 알맞은 한자를 써 보세요.

① 你 去 学校吗? ➡ 너 학교에 가니?

② 她 在 饭馆儿。 ➡ 그녀는 식당에 있어.

③ 爷爷在 哪 儿? ➡ 할아버지는 어디에 계시니?

④ 妈妈 不 在 医院。 ➡ 엄마는 병원에 안 계세요.

3 다음 문장을 우리말 해석과 연결하세요.

① Bù, wǒ qù bǔxíbān.

엄마는 백화점에 가셔.

② Tā zài yùndòngchǎng.

그는 운동장에 있어.

③ Māma qù bǎihuò shāngdiàn.

아니, 나 학원에 가.

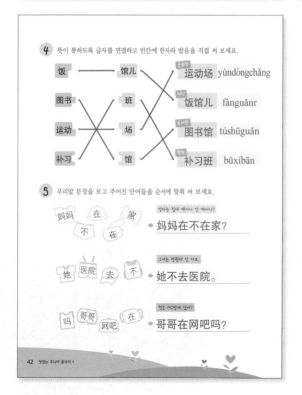

4 뜻이 통하도록 글자를 연결하고 빈칸에 한자와 발음을 직접 써 보세요.

饭 —— 馆儿

图书 班

运动 场

补习 馆

운동장 运动场 yùndòngchǎng

식당 饭馆儿 fànguǎnr

도서관 图书馆 túshūguǎn

학원 补习班 bǔxíbān

5 우리말 문장을 보고 주어진 단어들을 순서에 맞춰 써 보세요.

妈妈 在 家 不 在

엄마는 집에 계시니 안 계시니?

➡ 妈妈在不在家?

她 医院 去 不

그녀는 병원에 안 가요.

➡ 她不去医院。

吗 哥哥 网吧 在

형은 PC방에 있어?

➡ 哥哥在网吧吗?

11과 44쪽 · 45쪽 · 46쪽

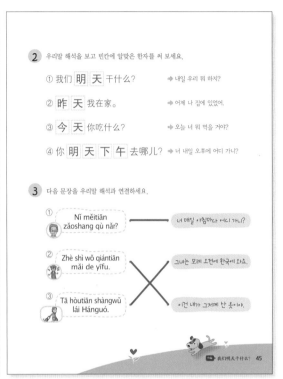

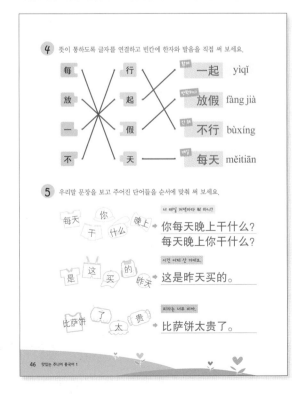

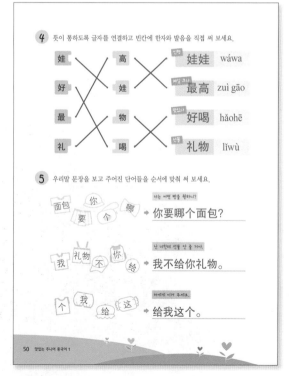

64 맛있는 주니어 중국어 1

맛있게 배우는 ★ 명품 주니어 중국어 프로그램

NEW 맛있는 주니어 중국어

Work Book

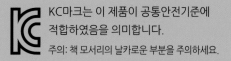

64720

9 791161 480619
ISBN 979-11-6148-061-9
ISBN 979-11-6148-060-2(세트)

www.booksJRC.com

7과 31	Nǐ yǒu jǐ zhī qiānbǐ? 你有几支铅笔? 너 연필 몇 자루 있는데?		**10과** 47	Mínhào, nǐ qù nǎr? 民浩，你去哪儿? 민호야, 너 어디 가니?
7과 33	Nǐ yǒu nán péngyou ma? 你有男朋友吗? 너 남자 친구 있어?		**10과** 49	Dōngmín zài nǎr? 东民在哪儿? 동민이는 어디에 있니?
8과 35	Nǐ jiā yǒu jǐ kǒu rén? 你家有几口人? 너희 집은 몇 식구가 있니?		**10과** 51	Tā zài shāngdiàn ma? 她在商店吗? 그녀는 상점에 있니?
8과 37	Dōu yǒu shéi? 都有谁? 누가 계시는데?		**11과** 53	Míngtiān wǒmen fàng jià. 明天我们放假。 내일 우리 방학이다.
8과 39	Nǐ yǒu jǐ ge gēge? 你有几个哥哥? 너는 형이 몇 명 있어?		**11과** 55	Míngtiān xiàwǔ yìqǐ qù Àibǎo Lèyuán. 明天下午一起去爱宝乐园。 내일 오후에 같이 에버랜드에 가자.
9과 41	Nà shì shénme? 那是什么? 그게 뭐야?		**11과** 57	Tài piàoliang le! 太漂亮了! 정말 예쁘다!
9과 43	Nà shì shéi zuò de? 那是谁做的? 그거 누가 만든 것인데?		**12과** 59	Wǒmen yào bàomǐhuā. 我们要爆米花。 우리는 팝콘을 원해요.
9과 45	Zhè shì shéi de diànnǎo? 这是谁的电脑? 이건 누구의 컴퓨터야?		**12과** 61	Gěi wǒmen zhège. 给我们这个。 (우리에게) 이거 주세요.